AF482631

Círculo Rojo
EDITORIAL

# Imágenes Habladas

## Teresa Lencina Muñoz

Círculo Rojo
EDITORIAL

Primera edición: julio 2024

Depósito legal: AL 1587-2024

ISBN: 978-84-1073-705-1
Impresión y encuadernación: Editorial Círculo Rojo

© Del texto: Teresa Lencina Muñoz
© Maquetación y diseño: Equipo de Editorial Círculo Rojo

Editorial Círculo Rojo
www.editorialcirculorojo.com
info@editorialcirculorojo.com

Impreso en España - Printed in Spain

# Del dolor a la vida

Las palabras deberían ser suaves como una caricia.
Húmedas como un beso.
Profundas como el mar.
Ardientes como el fuego de un volcán.
Tener alas como las aves.
Hacer florecer el alma en soledad.
Columpiarse en la memoria
hasta hacernos sentir paz.

*Teresa Lencina Muñoz*

# Tan dolorosamente real

Harta de ser un sueño,
harta de ser fantasía,
harta de ser una musa,
harta de ser un reflejo,
harta de ser una ilusión.

Soy tan dolorosamente real
como cada lágrima que escapa
ardiendo de mis mejillas.
Soy tan dolorosamente real
como cada sonrisa que doy, y
que desdibujas con un cincel de escultor,
esculpiendo en mi dulce rostro de niña
una desagradable media luna de tristeza.

Harta de que me ates,
harta de que me cojas y luego me sueltes,
harta de tu incapacidad de decisión,
harta y más que harta de tanto sacrificio.

Soy tan dolorosamente real
que soy incapaz de no ser yo misma.
Soy tan dolorosamente real
que odio simular y fingir.

Soy tan dolorosamente real
que transformo y lucho por mi vida,
para que deje de ser tan dolorosamente real.

Harta de sueños y quimeras,
harta de palabras que se borran tras un tropiezo,
harta de bobadas y estupideces,
harta de que las personas no sean,
que solo parezcan ser
y algunas ni llegan a ser seres,
porque carecen de raciocinio.
Soy ahora tan dolorosamente real
que no quiero un pasado,
no quiero un presente,
Quiero un futuro cierto y real.
Un futuro sin sueños,
un futuro real y contigo.
Porque estoy harta de ser tan dolorosamente real.

Teresa Lencina Muñoz

# Sólo me encuentro en tus ojos

Poco a poco, he dejado de ser.
Despertaba cada día deseando encontrarte,
Ya no te veía.
Ahogada en los problemas,
daba vueltas dentro de un remolino oscuro;
ya no cantaba,
ya no bailaba,

ya no reía,
ya no soñaba,
ya no te veía,
ya no me tenía,
ya no me veía.
Lágrimas abrasadoras por no encontrarme a mí misma,
mil pasos errados, más lágrimas vertidas.
Un alma envuelta en nubes frías,
nubes de gotas heladas y afiladas que acribillaban mi corazón;
ya no te veía,
ya no te creía,
ya no me gustaba,
ya no me quería.
Desesperada, me buscaba, te buscaba.
Huía… escapaba de mí.

Perdida… porque
Solo me encuentro en tus ojos,
esos ojos que me hablan de tu alma,
esos ojos que me dan la vida,
esos ojos que saben leer mi alma.
Entonces recordé cómo me miras,
recordé la última vez que nos miramos,
recordé esa inmensa sensación de tener todo un universo
encerrado en nuestras miradas.
Recordé que, en cada batalla de la vida,
el destino me colocó tus ojos mirándome,
dándome fuerzas, sueños y esperanzas.
No sé el porqué, si fue el destino,
Solo sé que solo me encuentro en tus ojos,
solo te encuentro en mis ojos.

*Teresa Lencina Muñoz*

# Desde mi ventana

Quiero olvidar el otoño.
Quiero recoger cada hoja caída,
devolvérsela a ese árbol grisáceo y casi sin vida
que me observa, indefenso, desde el jardín.

Árbol, desnudo y frágil, que me ruega pidiendo calor.
"Tápame, dame color, quiero volver a ser bello."

He pensado hacerle una manta con sus hojas caídas,
cubrirlo con un manto de lágrimas vertidas.
He llamado a los pájaros para que se posen en sus ramas,
Cantándole y abrigándole con sus finas plumas.

Lloro junto a él, en el otoño de su vida,
cuando el viento lo golpea salvajemente,
arrancándole gritos a sus delgadas ramas.
Lloro con él junto a la lluvia que nos limpia.

Me tiende sus pequeños brazos y yo los sujeto.
Él y yo sabemos que el otoño pasa,
que pronto se dormirá bajo un manto blanco y frío,
mientras sus firmes raíces se aferran al calor de la tierra.

Volverá a ser bello y hermoso,
se cubrirá de flores rosáceas y blancas.
Nos miramos y sabemos
que su belleza real está en la tierra,
esa que, a veces, oprime sus raíces,
que le hace arraigarse a la vida con dolor, fuerza y alegría.

Que su desnudez, sus otoños y sus lágrimas
son un paso más de esa auténtica vida que no muestra,
que está bajo un manto de cálida tierra.

*Teresa Lencina Muñoz*

# Volver a ser fría

Quiero volver a ser fría,
a que se me congele el alma y el corazón,
para que solo mande la mente;
necesito volver a ser fría.

Agotada de sentir con toda el alma,
mi corazón se arrastra por las paredes del pecho.
Llorando sangre hasta volverme anémica;
mi mente, acribillada con imágenes de dolor,
con letras de dolor,
Martillean mis sienes y se me caen los párpados.

Cansada de mal dormir y de soñar demasiado,
necesito un frío que paralice todo,
que me anestesie el sufrimiento y se congele,
al menos, unas horas.

Quiero cerrar los ojos y no sentir dentro del pecho
que todo está mal,
mientras mi mente inquieta no para de intentar pensar por ti,
mudarme a tu piel en la distancia,
y ser capaz de verte.

Verte cansado hasta la saciedad que siento yo,
verte luchando agotado por mostrar sonrisas y abrazos,
verte lidiando con la vida que no da respiro.
Esfuerzos sin apenas fuerzas,
que nadie entiende y exigen.



*Teresa Lencina Muñoz*

A los que siempre dan, siempre se les exige dar,
olvidando que, a veces, se necesitan dar a sí mismos primero.

Por eso, sin apenas saber lo que escribo,
he decidido volver a ser fría,
tocarte con mi mano pequeña y congelarte a distancia,
para que no sufras más.
Y, cuando hayamos descansado,
podernos descongelar a besos el corazón.

# Aún camino

Aún camino con mis delgadas piernas sujetas
a los pies por diminutos tobillos.
Aún camino con mis pequeños pies de arco de bailarina.
Aún camino con los trozos de mi cuerpo desparramados
por el espacio paralelo,
en donde se encuentra mi espíritu,
puesto a salvo de los que quiero,
para que vean que aún camino.

Aún camino al despertar con una sonrisa y
cualquier pequeña ilusión visual, musical, real.
Aún camino a pesar de mis propios tropiezos y de las crueles zancadillas.
Aún camino a pesar de las patadas en la boca del estómago
a punto de vomitar.
Aún camino a pesar de que me falta el aire,
y de que en cuanto tengo un poquito de oxígeno se lo doy a los demás.
Aún camino así, y no voy a dejar de hacerlo.
Aún camino, aunque tenga que pararme a descansar
porque el dolor me oprime el pecho.

Aún camino a pesar de los ladrones de vida,
de sueños, de esperanzas, de ilusiones.
Aún camino porque podré ser estúpida pero no cobarde.
Aún camino porque mi vida tiene sentido,
porque me basto y me sobro para llenarla de vida.

Aún camino tras limpiarme el reguero de lágrimas derramadas en el baño.
Aún camino y me trago el dolor de garganta para animar a un amigo,
aún camino para no hacer sufrir a nadie.

Aún camino y sólo guardo silencio y me alejo sin ruido,
cuando no puedo caminar,
cuando no puedo ofrecer algo de humanidad,
cuando no me puedo compartir, repartir, partir, dividir.

Aún camino pese a las desigualdades, la indiferencia, el encierro,
el destierro, la injusticia, la falta de consideración.

Aún camino, aunque esté cansada de tanta lucha por algo de humanidad,
que no conduce a nada.
Aún camino a pesar de las infinitas injurias, del egoísmo, de la ira, de
la envidia, de eso que llaman ego y que yo misma tengo.
Aún camino a pesar de la gran desconfianza que me generan
determinadas conductas.

Aún camino con mi sensibilidad en las yemas de mis dedos.
Aún camino como siempre, a veces renqueando, a veces de lado,
a veces hacia atrás.
Lo mejor es que aún camino la mayor parte del tiempo con la frente alta,
el paso firme, la sonrisa en la cara y los ojos iluminados por todo lo
que he logrado.
Aún camino y de ti depende hacerlo conmigo.

*Teresa Lencina Muñoz*

# Corazas

De todas las máscaras que conozco la que más dolor causa es la
máscara de la coraza.
Esa coraza que cada vez más te cuesta mantener cuando nos vemos.
Esa coraza que sacas tras decirme dos palabras y oír cómo te falta el
aliento para seguir.
Y te vas… para regresar duro, seco y frío.
Yo agacho la cabeza doliéndome el corazón tras frenarlo en seco,
ya cuando iba volando a devolverte el aire que te faltaba.

Mi coraza la saco para conseguir que te acerques,
mas no consigo hablarte sin que me falte el aire y se me fugan las
palabras de la prisión de la mente.

Nos pasamos la jugada cuando el otro cae.
Si tú te ahogas yo tiro,
si yo me ahogo tú tiras.

Y en ese tira y afloja sale la máscara del frío, del disimulo,
mirando una taza de desayuno que no se acaba,
abriendo armarios para no coger nada.
Estar con el corazón a cien,
y al mismo tiempo congelarlo.

La máscara que visto cuando te veo contemplando mi cuerpo de
arriba abajo
desde tu cómoda distancia,
y yo me siento desnudada por tu mirada,
y me pregunto qué has mirado, qué has pensado,
¿hasta dónde te has perdido bajo mi vestido?,
y oculto el rubor y el calor que se fuga
despiadadamente de mi cuerpo,
frente al mundo.

La coraza tras el beso en la mejilla,
donde te has llevado los olores de mi cabello,
y yo el roce de tus labios y el calor de tu piel.
La coraza tras la sonrisa de ese lenguaje secreto que sólo tú y yo conocemos,
el refugio del confidente.
La coraza de un adiós en el que se van cayendo los pedacitos de
nuestros corazones hambrientos.

La coraza que se rompe tras recordar que,
por breves instantes, fuimos felices y libres.

*Teresa Lencina Muñoz*

# La lluvia de un niño

Caen las primeras lluvias del mes de noviembre:
Gotas salpicando alcohol, marchitando a los recién nacidos crisantemos,
apagando los colores de la vida.
Llueve indiferencia y cobardía.

Las lluvias traen la ralentización del tiempo,
nada cambia, eterna repetición del adiós,
y vuelven los recuerdos a llenar los rostros de lágrimas,
con restos de óxido de tóxicos,
matando el alma anónima de una feliz bailarina.

Crueles lluvias que se derraman sobre vidas inocentes,
quemando sus ojitos vivos con la verdad de la vida.
Destrozando los sueños de un niño,
cargando sus espaldas de negros nubarrones.

Niño abatido sobre la tumba de su madre,
niño que le ruega que libere su alma,
que la lápida es muy pesada para ese frágil cuerpo.
Niño que con rabia golpea el mármol con sus pequeños puños,
solo, asustado, quebrado,
enfadado, acaba gritando a su madre muerta:
"¿Por qué no liberas tu alma de esa oscura fosa?
¿Por qué ese sacrificio sin sentido, madre?"

Niño que levanta sus ojos desafiando a la lluvia de noviembre,
A pesar de la acidez de las lágrimas que resquebrajan su rostro,
El tiempo se detiene al ruego de:
"Mamá, tu alma será libre por siempre".
Y como si el poder de un pequeño cuerpecito
pudiera desafiar las tormentas,
El cielo se abre mientras siente el beso de su madre en el rostro.

Teresa Lencina Muñoz

# Sello de presidiaria

Llevo marcado a hierro en el alma el sello de presidiaria;
tengo atada la esperanza a la cárcel de una actitud forzada.
Calla, saluda y sonríe.
Encerrada entre infinitas paredes de las que no puedo escapar,
encasillada en celdas cuadradas de una mente cuadriculada,
Calla y sonríe.
Mi espíritu es prisionero del daño;
ya no nado, chapoteo;
ya no vuelo, tengo las alas abrasadas;
ya no bailo, mis pies están deshechos,
Calla.
Recorro las calles como una fugitiva tratando de escapar
de esta alma tatuada con el sello de una esclava,
de las cenizas de un pasado tan condenadamente presente.
Quiero nadar,
quiero volar,
quiero cantar.
Sonríe.
Me aferro a una vida, a una luz, a un paisaje,
que logre sanar las cicatrices de mi alma de presidio,
de esta odiada libertad que llevo pintada en mis ojos,
que miran y no se rinden,
que miran y ofrecen calor,
que miran aún con ilusión.
Abriré la puerta de mi alma, carcelero;
hablaré y lloraré a un nuevo mañana.

*Teresa Lencina Muñoz*

# No quiero mentes de piedra

No quiero mentes de piedra,
bocas de piedra, sentimientos de piedra.
Si me vas a dejar de amar, que sea por mis errores,
por mis defectos, por mí misma.
Si me vas a dejar de amar, que no sea por este infierno en vida.
Si pudiera arrancarme el corazón del pecho para que no estallara,
¿hasta dónde llegarán los pequeños fragmentos de cristal?
¿Cuánto tardaré en juntarlos otra vez?

Quizás te perdí cuando simulaba ser feliz,
por sonreír partida en mil, tras las vueltas de la noche.
Trato de no ahogarme, intento fingir que puedo,
mientras callo lo que no quiero sentir,
silencios que no contaré y tú ya no estás.

Escribo a gritos a la vida de rabia, dolor y pérdida, y a tu ausencia.
Este amor absurdo que seguiría bebiendo tus lágrimas caídas.
Fue un error llamarte amor,
callaste cuando debiste hablar,
hablaste cuando debías callar.

Fue un error querer soñar,
soñarte en otra vida.
Fue un amor tan imposible
que quebró mi vida hasta lo indecible.
Y aquel rincón que fue mi paz,
se convirtió en mi verdugo,
asestando el golpe más letal.

Se le olvidó que los sueños de amor no se traicionan.
Corazones tan expuestos
que no perciben en la niebla el puñal que los destroza.
Será que la vida ha decidido arrancarme las alas,
Dejando un dolor inmenso en el lugar donde antaño nacían.

De tu amor ya no queda ni la mirada.
De tu amor ya no queda ni un latido,
de tu amor no hay ya nada que erizar,
de tu amor no queda ni una letra grabada en mi alma;
de tu amor aún quedan muchos daños y consecuencias.

No has escrito las palabras que más cortan,
has pronunciado las palabras que rajan almas.
Rompo mi promesa al corazón,
has hecho harapos el lazo que lo ataba.
Ya no tengo nada que darte, ni a ti, ni al mundo.

Venderé mi alma a otro demonio más sano,
ya no tienes nada que enseñarme,
buscaré en otro camino como una eterna aprendiz.
Espero que la vida se encargue de alejarte de mi senda para siempre.

El día que yo vuelva a ser feliz,
no te aplaudas,
seré feliz por mí.

*Teresa Lencina Muñoz*

# Apenas te conozco

Apenas te conozco y ya te marchas,
dejando que raspen mi garganta las palabras no dichas.
Ahogando cualquier posibilidad de réplica a lo que no es justo.
Dando tiempo al descrédito, a la malicia, a lo miserable.
A lo que mata el amor,
a la montaña que envidia al mar y nos impide verlo,
porque se planta delante de la cara para ser vista por todos,
impidiendo cualquier atisbo de avance.
Permites que venza y nos aleje el alma.
Permites que me rompa el corazón,
mis manos, mis ganas, mis sueños y mis esperanzas,
por su malsana ambición.
Me condenas al abandono y al silencio,
dejando que grite el alma rajada sin ti.
Por ella.
Tener las horas contadas y gastarlas en miserias del alma.
Y esta simple mortal que te ama siempre,
que te pide que te quedes, que te cuides y que no te alejes.

*Teresa Lencina Muñoz*

# Tus letras son mi salvavidas

Vivo sumergida en el sosiego de tus letras,
en cuartillas arrojadas desde los puentes,
bañadas en tinta con la esperanza de que,
algún día, lleguen a este puerto fantasma
que se resiste a hacerse visible y conquistable.

Me faltan vidas para contar tus palabras,
me sobran muertes por no apreciarlas.
Arrojo botellas vacías al viento, sediento de gloria;
me aferro a tus caracteres, convertidos en el salvavidas
de esta inconstante mirada, maldita, dulce y altiva.

# Grietas

Hay una grieta en el alma que nunca se va a cerrar.
Hay un silencio robado que, convertido en eco, un día escapó.
Hay tantos pasos errados como los pies que los han dado,
que no hallan su caminar.
Hay un susurro en el viento luchando entre la sal y el cuerpo.
Hay una caricia intacta en la palma de esta mano.
Hay un "te amo" no dicho en cada giro de espalda.
Hay un mundo que rehusó pertenecernos,
por no quererlo hacer nuestro.
Hay una tristeza imborrable sobre la lápida de la cobardía.
Hay una grieta de inusitada esperanza,
en eterna rebeldía yaciendo junto a la otra.

Teresa Lencina Muñoz

# Epitafio de un amor

El amor se nos quedó muy grande para tantos errores.
Nos dejamos de mirar como se mira a la miel.
Nos soltamos de las manos y nos olvidamos del tacto.
Fuimos crueles, insensatos y ruines.
Llegamos tan lejos en nuestra locura que nos olvidamos de dar.
Mentimos una y dos mil veces,
negándonos y afirmándonos,
escapando de nuestra cobardía,
la bautizamos de rebeldía,
en torno a ella erigimos nuestro propio altar.
Nos convertimos en el juez del otro,
en la maza atronadora de la sentencia firme del desamor.
Arbitrarios en nuestros actos donde yacen sepultadas
bajo el fango mugriento todas nuestras consecuencias.
Donde ya ni los gusanos hallan paz.

*Teresa Lencina Muñoz*

# Discúlpeme si creo en los granos de arena

Discúlpeme usted por ser mujer,
discúlpeme usted por saltar al mar,
discúlpeme por escapar de los mundos burbujas,
discúlpeme por ser feliz sin ser de nadie.

Por expresar, fantasear o sentir como sienta,
por elevar mi voz en busca de un mundo más justo,
por no haber nacido hombre para no ser juzgada por puta,
discúlpeme, que ya soy muy grande para andarme con cobardes.

De veras, disculpe mi libertad que tanto le enerva,
disculpe que a mí nadie me imponga el silencio,
discúlpeme usted, caballero, señor, hombre que educa hombres,
que no me interesen sus redes, que yo nací sirena.

Disculpe que mi vida sea mía y que cómo usted la juzgue,
interprete o deduzca, me viene al pairo.
Disculpe que no palidezca, me derrita o me muera por sus letras.
Discúlpeme por ser más fuerte que usted
porque me engrandece como mujer.

Discúlpeme, hombre o mujer, si defiendo a otra dama,
señora o señorita de los que no son de su especie.
Discúlpeme por ser real y de esta era,
por expresar mi sexualidad de forma abierta,
disculpe mi evolución, mis pies y mis pasos,
disculpe si mi lenguaje directo ofende a su extraño intelecto.

Discúlpeme si usted ata cabos sin tener madeja,
por amar la libertad,
por perder casi la vida por ella.
Discúlpeme, pero usted no me va a frenar en mi grito
por la vida de las mías.

Discúlpeme si no hay nada más cobarde que despreciar
a una mujer por hacer lo mismo que él.

Discúlpeme, usted, que interpreta el mundo
de la mujer sin ni siquiera serlo.

Discúlpeme por ampliar horizontes y escapar
de lo que me haga pequeña,
discúlpeme por estar comprometida con las mías.
Discúlpeme por no mofarme de usted,
por no hacer bromas sobre su ridiculez,
discúlpeme por no ser un juguete, ni su juego.

Discúlpeme usted si se le acaban las ideas y necesita
de las mías para alimentar a sus crías.

Discúlpeme por tener un carácter difícil de encerrar
en caracteres numéricos, seriales y clonados.

Siento no gustarle nada, discúlpeme, insisto, pero me quiero
demasiado para ser como usted.
P.D.: Discúlpeme si aún creo en los granos de arena.

*Teresa Lencina Muñoz*

# Al mar de luna

A veces acaricio el cielo con la yema de mis dedos
mientras mis pies se queman en el infierno.
A veces soy tempestad y otras calma,
a veces impulsiva y a menudo reflexiva.
A veces soy fuego, otras fría como el hielo.
A veces crepúsculo, otras ocaso.
A veces soy dulce cielo, otras cruel infierno,
mas todas las veces soy tuya.

A veces descansamos, pero no dejamos de flotar.

A veces el mar está ausente y se aleja sin yo nadar.
A veces me quedo con la palabra más cruel dicha.
A veces recuerdo tu mantra tatuado en mi corazón y piel.

A veces sueño eterno, prohibido, imposible,
como el humo que se escapa de la boca cuando hiela.

A veces me alejo de ti, no para olvidarte,
solo para curar el dolor por no tenerte.
A veces me dejas muda,
cuando el alma se aleja del corazón
para reposar junto a ti.
A veces me pierdo en esta batalla
de ausencias, de tiempos, de anhelos y sueños.
A veces se me olvida recordar lo que te hace real, amor.
A veces nuestro amor es tan hermoso
que no puedo evitar que resbalen lágrimas por mis mejillas.

A veces me siento en mi gruta a pensar,
parar de remar por un día.
A veces realidad, otras poesía,
que no es más que sentir la vida,
desde dentro hacia afuera.
A veces es hermoso el gris mientras camino por él.
A veces no existo, mas siempre soy.
A veces mi orgullo deja caer un "te quiero".
A veces me escondo entre tus brazos,
donde no existen los miedos.
A veces siento que te me escapas, corazón
y no te encuentro en mi pecho, amor.
A veces siento que el mundo desconozca
lo mucho que nos amamos.

*Teresa Lencina Muñoz*

# ¿Dónde estás Mundo?

Hay una niebla espesa que no me deja mirarte de frente,
me paraliza congelando los latidos del pecho.
No quiero mirarte, y sin embargo te veo,
te escucho, te siento sin que imagines
¡cuánto me dueles, Mundo!

Me hieres cada día sin piedad, indiscriminadamente,
con la impotencia de no poder hacer nada.
Creyendo en el fondo de mis entrañas que sí puedo cambiarte,
Mundo.
¿Cómo decirte? ¿Cómo expresar lo que siento por ti,
las maravillas que moran en ti?
Te quiero y me parte el alma y la vida verte así,
despiadado, gritando, ensangrentando el blanco del amor
y el azul de la vida.

¿Eres todo o eres parte?
Esta ilusa, rebelde que se debate por creerte una vez más,
que no somos todos y que queremos luchar, vivir y ser felices por y en ti.
¿Pero qué nos haces?
Dividirnos, partirnos y dejar nuestras mandíbulas rígidas y tensas ante
tanta impunidad.
La vida no vale nada en aras de un mensaje erróneo universal,
mirar hacia otro lado, mundo privilegiad,  anestesiado.

Llevo tantas vidas junto a ti, batallando y queriéndote a la vez,
que me siento vieja, cansada y harta porque te resistes a cambiar.

   *Teresa Lencina Muñoz*

Porque de justicia no entiendes,
que de maldad entiendes mucho más que un corazón que solo quiere
quererte, abrazarte y sanarte de la ponzoña del odio de los siglos.

Te has perdido tantas veces que ya ni veo el suelo que piso,
si es sangre o inertes vidas apagadas.
Si nado sobre tus aguas teñidas de rojo
e imagino que las medusas son las almas airadas
de los que buscaban dignidad.

Mi destino va unido al tuyo, te doy mi mano, te acompaño,
y seguiré luchando por el amor que te tengo,
aunque te estén destruyendo, seguiré creyendo.

*Teresa Lencina Muñoz*

# La impotencia

La impotencia es ese grito ahogado
que carraspea en la garganta.
La impotencia son lágrimas derramadas
mientras se piensa qué hacer.
Es una ansiedad constante,
mientras solo nadas en círculos
sobre ti misma.

La impotencia ciega y autodestruye cruelmente,
ante la inmadurez o la falta de autocontrol
para saber ser, dar y estar.
La impotencia nos llena de "debería hacer",
privándonos de hacer,
o nos lleva a hacer lo contrario
de lo que queremos hacer.

La impotencia nos oprime, nos aísla, nos paraliza.
Nos lleva a ser crueles y despiadados,
por no saber cómo acertar.
No sabemos nada, mientras
estalla la impotencia.
Arrasa, grita, escupe, chilla, derriba.

La impotencia es activa y tóxica.
Incontrolable.
La impotencia es bucear en un mar en penumbras,
nadando hasta agotarse sin rumbo,
Sin brújula, sin sentido y sin dirección.

La impotencia nos muestra la meta,
pero nunca llegamos.
Es hacerlo todo mal,
el caos más absoluto, la pérdida de la razón.
Solo manda el "YO", cuando buscas un "TÚ".
La impotencia imposibilita un "nosotros",
castigando al otro o a nosotros mismos.
Lo único bueno es que la impotencia es transitoria.
Lo realmente malo son los daños que deja a su paso.

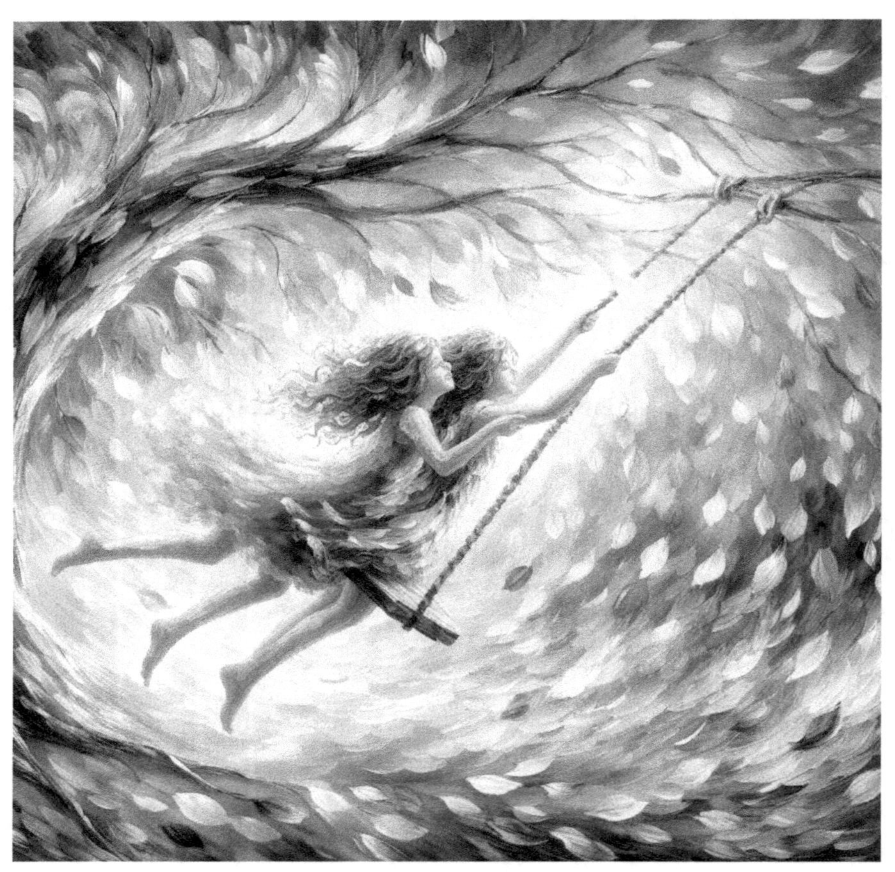



*Teresa Lencina Muñoz*

# Gotas bohemias

Suben y bajan mis pequeñas gotas bohemias,
al viento flotan sus trenzas,
devolviendo la melodía de sus risas.
Suenan truenos a lo lejos y no sienten temor alguno,
imaginan los colores de unos fuegos de artificio.
Mi pequeña bailarina, tan igual y tan distinta, es la alegría armoniosa.
Mi hermoso cisne, tan leal y sabio, es la tímida y franca risa,
portadora de mis ojos, diferente en casi todo.

Victoriosas de lo que han perdido,
vencidas por lo encontrado.
Unen sus manos,
suben y bajan las trenzas
de mis pequeñas gotas bohemias.
Unen sus manos y se deslizan, bohemias gotas, por mis mejillas.

*Teresa Lencina Muñoz*

# Abrir mi alma

Si tan solo me atreviera a abrir mi alma,
toleraría que saltaran mis desatinados latidos hasta tus oídos.
Si este terrible miedo a que mi corazón se tense hasta hacerse añicos
me permitiera bajar a tu cielo a gritarte que, simplemente, te necesito.

Si las lágrimas que eternamente habitan mis ojos ante esta
interminable ausencia,
me devolvieran la sonrisa de tu mirada que acaricia,
única luz que los hace brillar.
Si las palmas de mis manos no estuvieran agrietadas,
ajadas y secas por no sostenerte,
dejaría que el calor de mi ternura recorriera toda tu piel,
desde el corazón al alma,
pasando por todas tus fortalezas hasta abatirlas a besos.

Si consiento que de mi pecho mane el corazón saciando tu sed,
retornando la paz a mis días,
ahuyentando esta tormentosa guerra de las palabras que no quiero decir,
que no pienso decir, que siempre negaré haberte dicho.

Si tan solo me permitiera amarte como te amo,
sin sentir el soplo de tu aliento abrasando mi interior,
con mil palabras de fuego que no consigo extinguir,
por más que me aleje y retorne en esta pecera sin fin.
Si tan solo me atreviera a abrir mi alma,
reposaría en un instante eterno sobre tu cálido pecho,
sellaría las cicatrices de nuestras vidas
con un bálsamo de sueños.
Mas esta vez necesito que la suerte esté de nuestra parte,
han enmascarado a la magia y tengo miedo a abrir el alma.

Teresa Lencina Muñoz

# Rumbo a un destino sin ti

Rumbo a un destino tan lleno de ti,
de lo que un día fui,
tan llena de temor por volver a sentir.
La puerta, las flores,
hasta los guijarros del suelo
me hablan de ti.
Aquí yacen los recuerdos estáticos en cada rincón,
en este maldito viento, vacío de ti,
traidor que me devuelve tu sonrisa.
Una vez existió la felicidad, y fue aquí,
contigo.
En este destino tan mío,
tan muerto, tan vivo, sin ti.

He vuelto a entornar los ojos,
sentirte convertido en brisa acariciando mi piel,
He vuelto a entreabrir mis labios
y te has colado dentro.
Tan cálido, tan tierno,
tan fugaz, tan lejos.
El destino no debió juntar jamás
a dos soñadores en un mismo sitio,
pues cierran los ojos
mientras en silencio ya se aman.
Soñábamos con el amor
sin levantar los párpados para poder verlo.
Ni las estrellas se han movido
en todo este tiempo
por miedo a convertirse en fugaces.
Ni mis sentimientos han cambiado
por miedo a volverme mortal.

*Teresa Lencina Muñoz*

# Ya no hay lunas

Ya no hay lunas que secuestren madrugadas desde los balcones.
Ya no hay cielos que se besen sobre nuestros miedos.

Ya no hay nubes de colores por los rincones.
Ya no hay lunas, cielo denso sobre el colchón sediento.

Ya no hay manos susurrando a nuestras pieles.
No hay gemidos contenidos desafiando al olvido.

No quedan sábanas sofocadas tras la batalla.
No quedan bocas hambrientas de miradas tensas.

No hay suspiros en el viento, solo el eco del recuerdo.
Ya no hay lunas que secuestren madrugadas desde los balcones.

*Teresa Lencina Muñoz*

# Apenas recuerdo tu voz

Apenas recuerdo tu voz;
está perdida en el lamento del tiempo.
No puedo evocar tu rostro,
se desdibuja, se desfigura,
se vuelve turbio en compañías opacas.

Del fugaz contacto con tu piel,
permanece un leve rubor
en la palma de mis manos.

No encuentro tu mirada,
aquella que era mi guía,
mi más íntima compañía,
la señal que me indicaba
que tú eras mi destino.

La que me hacía arder y enloquecer,
llenando mi cuerpo sediento de vida.
Amor, apenas me quedas en esta vida.

*Teresa Lencina Muñoz*

# Escapando del silencio

Escoger el silencio como expresión del alma.
¿Callo porque miento, o digo la verdad cuando callo?
Lo que callo es más cierto que lo que digo.
Mi verdad está callada…
En ese silencio tan infinito, profundo,
oscuro y viscoso, está lo cierto,
lo real, lo aterrador,
lo desgarrador.
Seré ese silencio que he sido siempre.
Escritura silenciosa como forma de vida.
Amar en silencio,
reír en silencio,
cantar en silencio,
soñar en silencio.
Callar lo más callado…
en el silencio.

*Teresa Lencina Muñoz*

# Si pudieras ver mi rostro

Si pudieras ver mi rostro, si pudieras ver mis ojos.
Si pudieras perderte en la voz que no me queda,
si pudieras rendirte en esta piel que aún te anhela,
si pudieras redimir mi sonrisa de tanta vida con prisa;
si supieras de este amor que me quiebra y zarandea;
si vieras las astillas de mi alma, tan absolutamente rota,
si conocieras la falta que cada día me haces;
si vinieras por este cansado y destrozado corazón,
no me haría falta soltarle letras a este paciente mar.

*Teresa Lencina Muñoz*

# Luna de azahar

Bella diosa de azahar,
tu aroma a primavera
extiende una estela de seda
desde el cielo hasta la tierra.
Bella diosa en el ocaso,
seduce con tu fulgor
a los que anhelan los sueños
que sólo tú tejes y destejes,
A sabiendas de quien te olvida
cuando te pliegas sobre ti misma,
No alcanzará su paz.
Bella diosa enamorada,
apagas a las estrellas
celosas de tanto amor.
Bella diosa portadora de sueños,
imán de la pasión,
refugio de besos,
cobijo de promesas,
guardiana de mi corazón.

*Teresa Lencina Muñoz*

# Me dolerás tanto

Me dolerás tanto como cuanto nos amamos;
porque la distancia mata la sonrisa, vida mía.
El silencio es una burla en la mente del presente,
la ausencia, la duda ante la muerte del ausente, cielo.
La vida, un día a día al que siempre le falta algo.

Porque te quiero, me dueles, corazón;
porque me faltas, me dueles, latido;
porque no concibo la vida sin tu voz y sin tu olor, música.
Porque a mi boca le falta tu sonrisa llenando la mía, alegría;
porque mis labios aún recuerdan tu sabor.

Porque mi cuerpo desconoce las caricias con las que has abrazado mi
alma, pasión.
Me dolerás tanto como cuanto te amo, como desgarra una vida
partida en dos.
Me dolerás tanto como me haces falta, amor.

# No estabas

Colgada en el intento de no romperme más,
sostenida por las nubes para después saltar.
Caer más allá,
gritar, llover,
golpear el aire sin fe.

Contener huracanes fieros,
confusos, ciegos,
entre besos intensos,
dulces, profundos.
Esprintar el cielo y retornar el eco al universo.

Beberme el aire que tanto me falta sin ti,
sin mí, sin tanto…

Con nada, conmigo en llanto,
tan perdida, demacrada,
lejana, para no quebrar nada más.

Columnas de sombras entre dedos mágicos que parten el cielo,
esperanzas sueltas en el firmamento oscuro,
esas que llaman luceros,
que tanto brillan cuando la luna muere.

Pero tú no estabas y necesitaba un alma.

*Teresa Lencina Muñoz*

# La vida se abre paso

La vida no se detiene por nadie, pero ¿qué lento pasa el tiempo cuando no estás? Se hace difícil respirar a medio pulmón, latir con medio corazón, tener la vida partida en dos.

El paso se vuelve lento y pesado, recordando cómo volaba en tus manos, cómo flotaba entre tus caricias.

Sigue girando la vida, a pesar de que me falta tu sonrisa para alegrarme el día; me falta tu voz para acelerar mi corazón; me faltan tus abrazos para calmar el dolor.

Escucho el tic tac de este reloj que no te deja de llamar, que no cesa de esperar a que llegues y reúnas cada pedazo de mi ser.

*Teresa Lencina Muñoz*

# Heridas

Puede que de mis heridas me broten rosas de mis manos,
ajadas por la soledad,
tristes por no sostener,
vencidas por no saber retener el amor.
Puede que de cada herida me florezca un jardín en mi pecho,
si lo riego de ternura e ilusión,
si me quiero de nuevo
y empapo al dolor con mi dulce sonrisa.

Teresa Lencina Muñoz

# No pude esperarte

No pude esperarte más,
necesitaba vivir,
necesitaba sentir.
Mi piel se había muerto sin ti.

Se fueron borrando los sueños que fueron de dos.
Llegó como un huracán a mi vida,
se llevó el recuerdo de un pasado contigo.

No pude esperarte más, allí en la orilla del mar.
Me vino a buscar la ola,
me arrastró a una nueva esperanza.
Me abrió los latidos del pecho a una nueva vida.
Me ha iluminado el alma y yo… no pude esperarte, amor.

*Teresa Lencina Muñoz*

# La verdad

La verdad se oculta en un pozo, frío, oscuro y húmedo. Sepultada entre mentiras y cuando sale a flote y se libera, nada la puede silenciar. Emerge poderosa, ruge como el viento silenciando a los cobardes que la han arrojado al olvido.

88

*Teresa Lencina Muñoz*

# Alas rotas

El suelo es muy frío,
el pozo es muy hondo,
la herida profunda,
el dolor eterno.
No encuentro mi alma,
se perdió en la noche,
se desgastaron mis alas.
Mi llanto es espeso.
saber que te has ido que todo está escrito.

# Espejo del ayer

A veces me pregunto: ¿qué ha sido de aquella niña asustada? De todos los tormentos pasados, ¿dónde han quedado? Cuando en el pecho sólo habitaba la angustia y mis labios sólo eran silencio.

A veces miro mi reflejo y no sé muy bien quién es la mujer que me mira, con los ojos muy despiertos, llenos de ilusión y vida. ¿Cómo pudiste con todo y renacer por dentro?

A veces me miro y me pregunto: ¿cuándo dejaste de temblar para arder desde dentro?

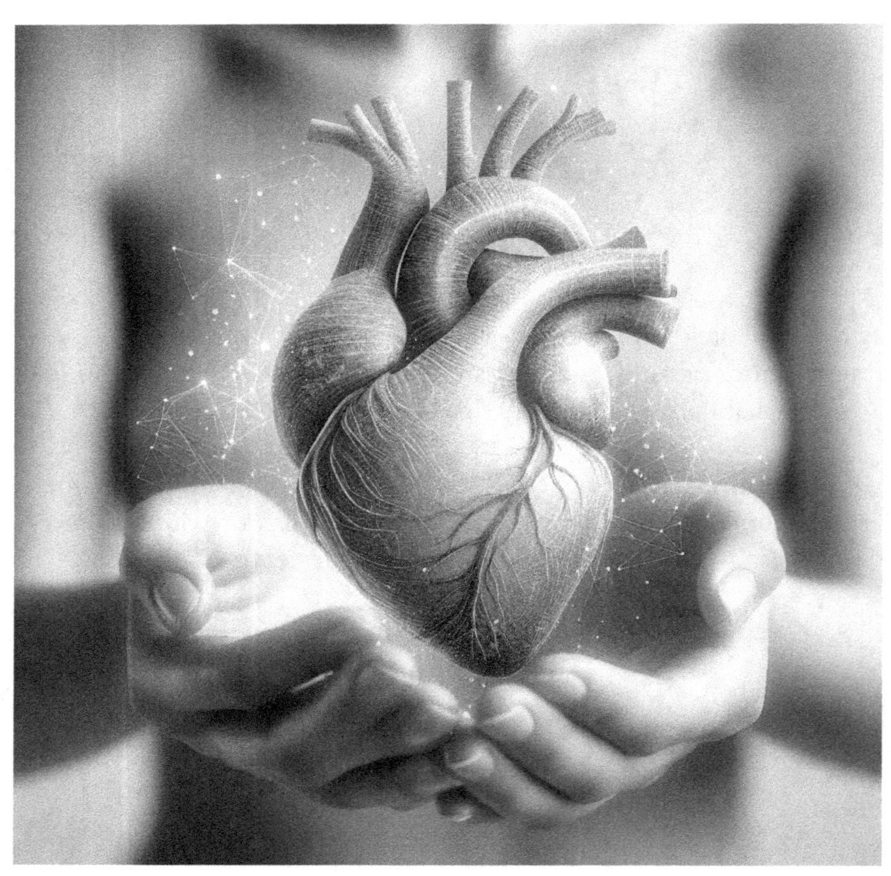

# Palabras del corazón

Cuando el corazón nos habla, lo hace en un fuerte latido, como un disparo en el pecho; es una explosión de amor convertida en eco en nuestro ser. Es una detonación tan grande que cambia todo tu mundo, si eres valiente y escuchas su sonido.
Cuando el corazón nos habla, la razón calla, se sumerge en silencio, queda relegada a un segundo plano.
Es en ese diálogo entre el corazón y el alma cuando más honestos somos.
Palabras del corazón que dicta a los valientes que se paran a escuchar su verdadero latido.

# Contra la corriente

Nadie me salvó de la ira, de tu locura, de tus ojos inyectados en
sangre, de la humillación, de los golpes, de tu crueldad desmedida.
No me salvó el llanto, ni el silencio, ni mis pequeños pies golpeando el
suelo, ni quedarme quieta, sin apenas respirar.
Nadie me rescató como aquel día que me salvaron cuando me estaba
ahogando.
Era tan solo una niña aprendiendo a sobrevivir; tuve que inventarme
un mundo donde poder resistir.
Por cada herida, creé un universo nuevo; de cada lágrima, un mar
donde poder amar.
Nadie me salvó de los daños; tuve que hacerlo yo. Nadie me enseñó;
tuve que aprender de mí. Nadie guio mis pasos; los tuve que dar yo.
Nunca hubo nadie, sólo me tuve a mí para salvarme.

*Teresa Lencina Muñoz*

# Me llenaste de vacíos

Me llenaste de vacíos, de indiferencia,
de camas vacías y sábanas desgastadas por la desidia.
Fuiste dejando hueco mi corazón,
allí donde aún quedaban latidos.
Dejaste que me fuera, amor.
Lo que nos ardía se volvió rutina.
Echaste agua fría en mi vientre,
hasta extinguir el deseo.
Se consumió lo nuestro hasta que
sólo quedaron recuerdos cenizas.
El asfalto dejó de ser mar, dejé de nadar las calles.
El cielo se convirtió en vuelo sólo para aviones.
La lluvia regó los campos, pero no mi piel.
Todos los besos que nos dimos ahora nos están ahogando.

*Teresa Lencina Muñoz*

# Insomnio

Olvida las veces que te perdiste en mis ojos,
en el eco de mi voz y en el gemido de la razón.
No es insomnio,
es el vacío que dejas.
que ya ni los sueños
quieren soñarte.
No es desvelo,
es la falta que le haces a mi piel,
ya nada le da calor.
Es el frío de la ausencia
lo que no me deja dormir.

*Teresa Lencina Muñoz*

# Mujer kinsutgi

Aprendí del dolor, del desgarro,
del giro de espalda, de las palabras vacías,
de los falsos amigos, del pecho partido en mil,
de las alas gastadas, del frío, del silencio
y de la oscuridad del pozo en el que vivía.
Aprendí que, una vez rota,
debía reconstruirme, inventarme,
hasta encontrarme de nuevo.
A ignorar.
Ahora son míos los pasos, los pies
y las manos.

# Regrésame

Regrésame las ganas, el tiempo, el esfuerzo, el beso.
Regrésame la piel del alma que te llevaste contigo.
Devuélvemelo todo, que esta ausencia está matando
lo que juntos una vez creamos.
Ven, atraviesa mi sangre con tu palabra.

*Teresa Lencina Muñoz*

# Nostalgia

Hay días en los que el recuerdo nos muerde,
envenenándonos de nostalgia.
Buscamos un paraguas para librarnos de ella,
mientras aullamos sin voz.
Avanza lenta y despacio, oscureciéndolo todo.
En ese suelo líquido de nostalgia
los pasos no se ven.
A ciegas con los recuerdos
que llueven con fuerza en el corazón.

*Teresa Lencina Muñoz*

# Fragilidad

Irrumpe mi fragilidad en blanco sobre el papel,
en negro, como el abismo que siento en el pecho.
Tengo la piel vulnerable al tacto del dolor;
he puesto un nombre a mi soledad para que no duela tanto.
Mi alma es puro lamento, se olvidó de ser libre.

*Teresa Lencina Muñoz*

# Poetisa

¡Qué yo no soy poeta!
Que los poetas son ellos.
Los de las flores, la hierbabuena y el campo.
Los de los cielos, la luna y el mar.
Los que invocan al alba en sus versos.
Los que hacen un canto de las palabras.
Los que llevan el alma en las manos.
¡Qué yo no soy poeta!

*Teresa Lencina Muñoz*

# Alas

Ojalá pudiera sostenerte mientras caes al abismo;
coserte las alas a las mías y retomar el vuelo.
Ojalá que la vida no fuera tan gris para ti;
poder llenarte de color.
Besarte las heridas;
curarte los pies cansados de arañar el asfalto con ellos.
Ojalá que bastara con quererlo para poder darte algo de mi luz.

*Teresa Lencina Muñoz*

# Olvido

Si te vuelves olvido,
el mar se quedará sin nombre.
La lluvia dejará de besar el cielo.
Mis manos se secarán
y mi piel no será mía.
Si te vuelves olvido,
los montes se harán desierto,
Quedará vacío mi pecho.
El latido morirá
y nunca se hará canción.

*Teresa Lencina Muñoz*

# El poder de las personas

Lo mejor siempre nos llega en forma de persona, esa que nos abre
todas las estancias del alma que andaban amuralladas; que nos
acurruca en su pecho y nos cuida como lo más valioso que tiene.
Alguien que potencia todo lo que tienes con cada soplo de amor,
aquella que no necesita rozar tu piel para sentirla tuya.
Alguien que te besa los defectos y los convierte en virtudes, la que te
acaricia el alma con sus palabras. Alguien con quien el vuelo sea único
y el cielo se convierta en tu único hogar.

*Teresa Lencina Muñoz*

# Distancia

Hay demasiadas caricias perdidas en la distancia;
se van quedando huérfanas de abrazos.
Las manos se van secando y agrietando,
de no sostener a quien amamos.

Podría hablar el cielo de todos los besos que no damos,
las nubes lloverían "te quiero",
en vez de lluvia helada.

El corazón teje puentes de latido a latido,
uniendo lo que nos separa.

Quisiera morder la distancia,
hasta acabar con ella.

*Teresa Lencina Muñoz*

# Noche de luna

Hoy, la Luna volverá a besar al mar
en su eterno ritual por dejarse alcanzar.
Se vestirá de sirena y yacerá a su vera.
Revuelta entre sus olas,
se dejará amar.
Su cuerpo se hará espuma;
suspiros, en caracolas.
Hoy, la Luna va a brillar,
entregada a su dulce mar.

*Teresa Lencina Muñoz*

# Voz de mujer

Voz de mujer que se volvió grito quebrado, aterrorizado y muerto.
Lamento de unos pasos mal dados;
heridas abiertas cubiertas de sal.
Estrías en el alma de tanto naufragar.
Voz de mujer, callada y quieta,
solo busca libertad.
Entrégale un mar
donde pueda hallar paz,
y su voz se vuelva aliento.

*Teresa Lencina Muñoz*

# Al mundo le faltan caricias

Aprendí de la noche a ser silencio,
aprendí del viento a ser gemido en tu piel.
Aprendí del mar a vivir en libertad.
Aprendí del alba que siempre se puede amar el día.
Aprendí que al mundo le faltan caricias y le sobran daños.

*Teresa Lencina Muñoz*

# No te pude amar

No te pude entregar el mar que guardaba en mí.
Quisiste nadar sólo en la superficie.
Te perdiste entre las olas de mi cuerpo, sin atreverte a mirar la
profundidad de mi alma.
No te pude amar como yo habría querido, ardiste sólo en mi piel.
Nunca en mi corazón.

*Teresa Lencina Muñoz*

# Resaca

Tengo resaca de palabras dulces,
Se agolpan en mi cabeza, formando nubes.
Tengo los latidos del pecho partidos en dos,
entre la razón y el corazón.
Se han perdido las nostalgias de mi alma,
se me vació la ausencia desde que ocupas todo.

Teresa Lencina Muñoz

# No pude sostenerte

Me va quedando un hilo de voz por cada "te quiero"
que me he guardado.
Se van quedando anclados en mi alma.
Ya no pueden volar las palabras de mi boca hacia tus labios de miel.
Abrazo al vacío en mi intento por retenerte.
Se me han helado los pies y las manos en mi intento de sostenerte.

*Teresa Lencina Muñoz*

# Sangra el día

Ahora que sangra el día por todo lo que no pudimos ser y no fuimos.
Ahora que ya no me quedan lágrimas, pero es el alma la que llora.
Ahora que mana lava de mis ojos hasta arrasar mi corazón.
Y todo sigue sangrando a mi alrededor.
Ya no sé si la noche es demasiado fría y vacía sin ti.
Tengo el cuerpo tan helado que ya ni lo siento.
Tengo los sueños deshechos,
las esperanzas gastadas y rotas.
Ahora ya sólo sangra el día sin ti.
Y no me quedan caricias para repartir.
Se me desgastó la sonrisa entre tanta duda.
Se me ha helado el corazón ante tanto desamor.

*Teresa Lencina Muñoz*

# Voz

Me he guardado mi voz para cuando me quieras.
Mientras tanto, seré silencio, muriendo por dentro,
asfixiando al alma para que no sienta.
Me he guardado mi voz para cuando me latas,
ardiendo en el pecho,
lloviendo amares,
encendiendo amaneceres en mi piel.

*Teresa Lencina Muñoz*

# Intentarlo

Debes intentarlo, aunque te queme, aunque lo temas,
aunque parezca que el corazón se va de ti queriendo arder.
Debes intentarlo porque mereces ser feliz.
Arde con todas tus ganas, con toda tu fuerza; serás ceniza algún día.
Vive, siente y ama con prisa, que la vida es corta para estar esperando.
Sueña, entrega el corazón y, aunque te lo partan, debes intentarlo.
Vuela, ríe, goza y enamórate de la vida.

*Teresa Lencina Muñoz*

# Me dueles

Me dueles, corazón.
Como pequeños cristales rompiéndose en mi pecho.
Como un silencio que muere por hacerse grito.
Me dueles, latido.
Porque el corazón no quiere lo que ya sabe la mente.
Ojalá dar con la palabra exacta que remueva tu interior.
Ojalá fuera la mente quien parara el corazón.
Volver a ser fría como el hielo hasta congelar mis latidos.

*Teresa Lencina Muñoz*

# Humana

Me caigo, me levanto.
Te pierdo, te encuentro.
Lloro, bailo, sonrío, juego.
Sólo soy humana.
Fallo, una y mil veces.
Me derrumbo, lo intento.
Siento, amo, vivo y muero.
Sólo soy humana.
Tropiezo siempre contigo,
enamorada de la piedra que amo.
Daño, me dañan.
Rompo algo tan sagrado como es un corazón.
Lejos de la perfección de un robot
sólo aspiro a ser yo.
Con mis cicatrices en el alma,
con la sonrisa a cuestas.
Con mis ganas de vivirte.
Con todos mis errores.
Sólo soy humana.

*Teresa Lencina Muñoz*

# Alejarse

Por más que lo intente,
no me puedo alejar de ti.
He metido los sentimientos en una maleta,
y se han desbordado.
Ya no encuentro mi paz;
ya ni las olas me hablan.
Tengo lágrimas en el alma
que no puedo secar.
Duele demasiado perder
lo que está grabado a fuego en el corazón.
Duele avanzar sin ti,
soñar con otra vida donde tú no estés.
He matado a la esperanza
con un puñal de hielo y sal.

*Teresa Lencina Muñoz*

# Silencio

A veces me vuelvo silencio.
Las palabras no quieren partir.
Si tan solo miraras mis ojos,
sabrías de lo que te hablo.
Tengo el corazón tan lleno de ti
que hasta me duele cuando late.
A veces me vuelvo tan frágil
como una hoja que cae del árbol,
Tan seca, vacía y sin vida.
A veces siento demasiado,
todo se vuelve gris.
A veces el mundo se tambalea
y no sé qué decir.

*Teresa Lencina Muñoz*

# Si yo pudiera

Si yo pudiera alcanzarte,
besarte, salvarte;
guiarte a mis aguas.
Si tan solo mis labios rozaran tus labios,
sabrías de lo que hablo.
Si este mar que nos separa nos abrazara,
no me haría falta soñarte en mis letras.
Ya no sé vivir en una eterna espera.
Ya no sé dónde he puesto el corazón.

# Todo muere

Mueren las hojas
como los sentimientos.
Se precipitan sin fin al vacío.
Nada nos queda ya.
Sólo hastío y soledad.
Nada que salvar
de un amor que se va,
que se olvida,
que muere,
y se pierde.
Caminaré sin ti,
sin manos que me sostengan
en este invierno gris.

*Teresa Lencina Muñoz*

# Manos

Todos necesitamos a alguien que nos sostenga cuando el suelo tiembla;
cuando el vértigo acecha y sentimos que nos precipitamos al vacío.

Cuando nos faltan las fuerzas y estamos cansados, esa mano que te
aferra, que te agarra con el alma, te da esperanza.

*Teresa Lencina Muñoz*

# Escapando

¿Cómo se escapa de un sentimiento?
Con los pies paralizados y la piel latiendo dentro.
¿Cómo detengo los pensamientos?
Si le han crecido alas y vuela libre por tu recuerdo.
¿Cómo fluyo libremente?
Si tengo el alma secuestrada.
¿Cómo escapo de mi mente?
Si tengo miedo a querer.

*Teresa Lencina Muñoz*

# Perdida

Caí perdida en las sombras,
perdió la batalla el corazón, y me rendí.
No me pudo salvar tu amor.
Se nubló mi mente, y me volví a quedar sin recuerdos, sin voz y con dolor.
No pude salvar lo único que fue mi paz.

Caí paralizada en las sombras;
tu recuerdo se escapó.
Aquel beso que me salvó
se volvió mi destrucción.
Aquellas caricias que me perdían
se volvieron lluvia ácida.

Imploro al tiempo que me cure,
sólo para volver a ser.
Imploro al tiempo que me devuelva
lo único que me dio paz.

*Teresa Lencina Muñoz*

# Hoy soy viento

Hoy soy viento, lluvia y tempestad.
Hoy me visto de tormenta,
me precipito en gotas frescas por la piel.
Vierto lágrimas por un ayer
que no supe retener.
Me detengo en mi aire
para encontrar mi esencia.
Hoy me visto de recuerdo
de todo lo que he perdido.
Mientras me voy diluyendo en el tiempo.

*Teresa Lencina Muñoz*

# Sombra

¿Quién puede abrigar el frío que habita en mi alma?
Este hielo del corazón que me acompaña como una sombra.
Este dolor constante y punzante
que me llena de desazón.
Sólo veo oscuridad donde debiera haber luz.
Ya sólo me calientan las lágrimas
que brotan de mis ojos.

*Teresa Lencina Muñoz*

# Miedo

Tengo miedo del viento,
que te arrastre a otros brazos que no son los míos.
Tengo miedo de las olas que te acarician,
por si las enamoras con tus besos.
Tengo miedo del vacío del tiempo cuando no estás.
Tengo miedo de la lluvia,
por si sus gotas me llevan al olvido.
Tengo miedo a la tormenta que desatas en mi piel.

     *Teresa Lencina Muñoz*

# Tormentas

Tormentas del corazón,
gritos del sol en mi voz.
Todo está oscuro sin ti.
Tengo una niebla en el alma
que no se puede disipar.
Presa del nudo en la garganta,
hay nubes del tiempo en mis ojos.
Vivir se ha vuelto tan gris
desde que te vi partir.
Quizás olvidar sea mi gran final.

*Teresa Lencina Muñoz*

# Tu recuerdo

Ahora que tu recuerdo es humo,
escapan lágrimas de mis ojos
por todo lo que he perdido.
Ahora que se evaporan las palabras,
dialogo con mi razón para que no destruya mi corazón.
Ahora todo está teñido de ausencia,
han asesino a los sueños que tejimos con amor.

Teresa Lencina Muñoz

# Silencio rojo

Silencio rojo,
te has vuelto tormenta en mis ojos.

Silencio roto,
quebrado por el lamento de mi garganta.

Silencio quieto,
tan cruel y despiadado como lo callado de un grito.

*Teresa Lencina Muñoz*

# Camino

Camino errante por el fuego del infierno,
suspendida en la cuerda del olvido,
susurrando al aire brasas incandescentes.
Todo tu roce me quema.
Cansada de arder por quien no arde por mí.
Solo quiero el cielo de tu piel,
de tus ojos,
de tu ser.

*Teresa Lencina Muñoz*

# Puente

Quisiera hacerte un puente con mis brazos,
poder apretarte con fuerza entre ellos
Porque sé cómo te duele esta cruel distancia.
Que amenaza con volverse eterna.
Quisiera hacerte un puente con mis besos,
Y poder borrar la ausencia de no tenerte.

*Teresa Lencina Muñoz*

# Hoy la lluvia viene a verme

Hoy la lluvia viene a verme,
a recordarme que ya no estás.
El cielo está tan gris como los besos que no nos daremos.
Ya no habrá caricias desordenadas en la habitación.
Ni risas alborotadas en cualquier rincón.
Ya ni el mar nos acaricia,
ni baña nuestros sueños de amor.
Ni las olas rompen fuerte contra el colchón.
Ya no se escucha el estruendo del alma.
Todo se ha vuelto silencio.

*Teresa Lencina Muñoz*

# Vas muriendo

Y vas muriendo, poco a poco, de esperar toda una vida. Amor lento,
que se va forjando con el paso de los días, lleno de recuerdos y olvidos
que no quieres perder.

Rememorando los besos y caricias que has dado
en la orilla del tiempo.

Amor que espera y nunca llega.

*Teresa Lencina Muñoz*

# Danza sobre el mar

Hoy la Luna danza en el mar,
lenta, llena y serenamente.
En su ritual de dejarse alcanzar.
El mar la acompaña con olas que bailan a su compás.
Se siente bella, mujer y plena.
Rinde su homenaje al mar que le espera.
Al mar que la llena.
Hoy la luna danza en el mar,
brilla, arde y seduce.
Vibra al unirse con él,
se estremece entre sus olas,
danzantes, embriagantes.
Hoy el mar la baña con sus besos,
profundos e intensos,
mientras ella cabalga entre sus olas.
Asciende la marea y baja la marea,
al ritmo de sus caderas.
Gime la luna sobre el mar,
tan bella, tan plena, tan llena.
Brama el mar bañado por ella.
Esta noche verás a la luna derramarse sobre el mar.

Teresa Lencina Muñoz

# Decálogo

Desperezar la mente y las letras cuando han sido desterradas al olvido.
Sacarle punta a la vida cuando ha sido destruida.
Entregarse en cada caligrafía hasta exprimir la tinta.
Desempolvar los recuerdos que aún guardas en el camión de mudanzas.
Disfrutar la brisa de una simple caricia.
Darse una tregua en tu cuerpo.
Vivirte todos los días.
Sentirte siempre dentro.
Bañarme en ti y disfrutar de tu risa.

# Del amor a la pasión

*Y de pronto llega alguien que encaja con tu alma*
*y forma la esfera perfecta.*

*Teresa Lencina Muñoz*

# Promesas al corazón

Cómo te explico, mi vida, que existen promesas imposibles de romper.
¿Cómo explico al mundo que no es promesa a ningún Dios? ¿Cómo
explico a un gitano que no es una promesa de sangre y arena,
mezclando sangre con sangre?
¿Cómo explico que una promesa no es un mensaje en una botella,
ni un grito al viento, ni un deseo a una estrella fugaz? ¿Cómo explico
a un curandero que esto no es una dependencia emocional? ¿Cómo
explico ese vínculo a través de los lazos del alma? ¿Cómo te explico
este sin sentido, que no sé si es amor, mas es una promesa al corazón?

Nunca he prometido amarte,
sin embargo, no puedo dejar de cuidarte.
No te prometí fidelidad,
pero no sé ser desleal.

Por dolor, he jurado marcharme;
por temor, he jurado desaparecer;
por no gritar, he jurado guardar silencio para siempre.
Todo se queda en nada,
en juramentos vacíos,
en palabras vanas,
en sentimientos planos, sin vida.
Juramentos de palabras muertas.
¿Cómo te explico amor
que se trata de una promesa hecha a mi corazón?
¿Cómo te explico que nadie me forzó a hacerla?
Que cuando voy a romper mi promesa, me rompo yo.
Que yo no me quiero rota,
ni rompedora.
¿Cómo romper lo que nace de una mirada
y se forja a hierro ardiente en el corazón?
Dime, ¿cómo lo hago, amor?

*Teresa Lencina Muñoz*

# Eriza mi piel

Eriza mi piel, vida mía,
hasta que se me estremezca el alma.
Eriza mi piel, vida mía,
con un soplo del aliento de tu alma sobre mi cuello latente.
Eriza mi piel con un soplo de tu voz,
que haga vibrar mi interior ardiente.
Eriza mi piel, mi poeta,
que resbalen tus letras como cálida lluvia fría bañando mi ser.
Eriza mi piel y detente a rozar mi pecho anhelante de tu calor.
Eriza mi piel,
que sea cubierta con el manto de tu piel sobre mi piel.
Eriza mi piel que grita de delirio suplicante,
en cada poro estremecido.
Erízame el alma, la vida y la piel.
Eriza mis sentidos,
moldeando con tus manos mi desnudez.
Erízame los sueños,
donde el amanecer nos descubre exhaustos de placer.
Erízame, amor, que me muero por tu dulce e intenso frío.
Eriza mi interior que se derrame en ríos cálidos sobre tu piel.
Erízame las ganas, que la piel la pongo yo.

184

*Teresa Lencina Muñoz*

# Dímelo en un beso

Dime, cielo, que te mueres por un beso.
Dime que cada vez que rozamos nuestros labios,
el aire que se te escapa
te lleva a morir un poco.
Dime, vida, que cuando mojamos nuestros labios,
nos vamos dando un poco de nuestras vidas.
Quiero ser manantial que no cese en tu boca,
donde un beso de mar sacie nuestra mutua sed.
Dime, dime, dime…
Atrapando mi labio entre los tuyos,
que mi corazón está volando.

Dime que el roce de nuestras lenguas
nunca cesará de ardernos en la piel.
Dime que quieres bailar en mi boca.

Dime que en nuestros besos compartimos
un trozo de nuestras almas.
Dime, ¿dónde se pierden nuestras manos
cuando nos besamos?

Dime, mientras siento cómo te ahogas en mi boca.
Dime, ¿qué te han dicho mis gemidos susurrados en tu boca?
Dímelo en un beso que hable de todo el silencio.
Dame ese beso tuyo donde tu silencio silencia mi sonrisa.

*Teresa Lencina Muñoz*

# La mecedora

Te veo, sentado en tu mecedora preferida;
tu mirada perdida en el horizonte,
ojos cansados, perfil pétreo, piel de niño asustado.
El peso del mundo en tu espalda dolorida.
Me acerco y me miras,
Siento tu corazón encogido.
Acerco un dedo a tus labios:
"No hables, cielo.
No digas nada, vida."
Me siento en tus piernas,
acerco mi cuello a tu rostro,
y meciéndonos, entierras tu cara en mi cuello.
Siento tu dolor resbalando por mi piel:
"Báñame con él, que yo lo secar."
Te abrazo más fuerte, acariciando tu cabello de fuego.

Tus labios comienzan a beber el olor de mi cuello
y la sal de tu dolor;
dulcificando mis caricias,
mis manos se pierden en tu camisa,
buscando el calor de tu corazón estremecido.
Acaricias mis pechos por encima de mi ropa,
me aferro a la caliente piel de tu espalda,
tus manos descienden a mi falda,
Busco clavarme en tu boca.
Tus dedos intentan hacerme brotar mar,
mis manos descienden buscando tu faro.
Buscamos perdernos y encontrarnos,
apartando la espesura de la ropa,
abriéndonos paso hacia la senda del olvido del dolor.

Haciéndonos un hueco en el alma y la piel,
meciéndonos en nuestro mundo.
En ese mundo que ahora se ha detenido
para tenernos tan solo a nosotros.
Aquí, ya y ahora,
me subo en ti y me llenas,
me arqueo, me besas,
te meces, me estremeces.
Beso y me alzo,
beso y me bajo.
Labios, manos, ojos,
en el vaivén de nuestro mecer.

*Teresa Lencina Muñoz*

# Siempre huyendo de ti

Siempre huyendo del contacto de tu mirada,
porque a la tierra me deja clavada.
Siempre huyendo del calor de tu piel,
que me abrasa y me convierto en dulce de miel,
del color de mi mirar.

Siempre huyendo de tus manos,
que exploran, palpan y aniquilan mis sentidos.
Siempre huyendo de tu boca,
que me empapa, me muerde y me susurra
en la mente y en la piel,
"te amos", teñidos de lujuria,
llevándome al absoluto caos.

Siempre huyendo del firme, fuerte y delicioso
empuje de sus caderas soldadas en mi interior.
Siempre huyendo de los ríos y mareas,
que provocas cuando me tocas.

Siempre huyendo cuando me arqueo
sobre tu cuerpo.
Siempre huyendo cuando te muerdo
en un gemido para liberarme.
Siempre huyendo con mis manos,
arañando tu fuerte espalda,
dibujando senderos de huida sin salida.

Siempre huyendo cuando te tomo con mi boca,
libre de tus salvajes y depravados instintos,
en vanos intentos de llevarte a una placentera dulce muerte.
Siempre huyendo de la mezcla de tus fuegos con mis mares.
Siempre huyendo, mujer de agua y viento,
siempre huyendo del hombre de tierra y fuego.

Siempre huyendo, mas no consigo escapar.

*Teresa Lencina Muñoz*

# Llévame lejos, amor

Llévame lejos, amor.
Llévame allá
donde pueda morirme en ti.

Llévame lejos, amor.
Arrástrame con la marea
hasta tu fondo.
Quiero morir en tus profundidades,
sepultada por tu carne sobre la mía.
Llévame lejos donde sólo se escuchen los gemidos
entre las olas que mueren en la arena.
Llévame lejos montada en tu mirada,
amansa mis caderas dándoles la paz que anhelan.
Llévame lejos, allá donde nuestros demonios,
se convierten en los más bellos ángeles
en vuelos de placer.

Llévame lejos, al cielo, al mar o la tierra,
mas llévame en y sobre ti.

Llévame allí donde tus labios sellan un tratado de paz en los míos,
donde la única guerra es la de nuestras bocas hambrientas,
la una de la otra.
Llévame lejos, donde podamos compartir nuestra locura.
Llévame lejos de otras miradas,
llévame lejos de otros deseos,
llévame lejos de otros amores que no anhelo.

Llévame tan lejos donde el único problema que exista sea
quien entrega más al placer, si tú o yo.



*Teresa Lencina Muñoz*

Llévame lejos, amor.<br>
En una caricia, en un abrazo o un tierno beso.<br>
Llévame tan lejos que no queramos volver jamás.<br>
Llévame lejos, impregna mi piel con la sal de tu boca.<br>
Llévame lejos, aferrada entre tus muslos en una danza interminable.<br>
Llévame lejos, lejos, lejos,<br>
susurrados en tus oídos,<br>
bañado por mis besos,<br>
torturado por mis caricias.<br>
Llévame lejos hasta que se sacien nuestras ganas.<br>
Llévame que quiero vivir, morir y renacer dentro de ti.

*Teresa Lencina Muñoz*

# Que se nos moje el alma

Quiero que se nos moje el alma y la mirada
en un abrazo,
en una caricia, en una sonrisa.
Quiero calarme el alma en un "te amo",
en ese primero que raspa la garganta,
que hace desviar la mirada y se llena de lágrimas.

Que se nos moje el alma con las lágrimas del corazón repleto de amor,
empaparnos la piel de ti y de mí.
Quiero caminar por esta vida empapada de tu esencia,
con tu olor en mi piel,
con tu sonrisa en la memoria,
con los labios pintados de tus besos.

Quiero que se nos moje el alma y la mirada
en ese primer beso,
en el que empiezas a reconocer la suavidad de unos labios,
la humedad de una boca y la profundidad del "te amo"
al fondo de la garganta,
que brota en forma de gemido y extiende su calor por toda la piel.
Quiero que se nos moje el alma y empape nuestro calor,
Que se desliza como un viento sur,
húmedo, cálido y embriagador.

Quiero que se nos moje el alma por todos los "te amo"
que hemos regalado al silencio.

*Teresa Lencina Muñoz*

# Me perteneces

Me perteneces,
desde la yema de mis dedos,
rozando tus labios antes de besarlos,
hasta colmar este vacío infinito de ti.

Me perteneces cuando mi cuerpo se desliza de puntillas
sobre la piel ardiente de mi cuerda de equilibrio.
Línea incandescente que me seduce
hasta agotarme en tu fuego.

Me perteneces como el agua que derramo
entre tibios gemidos al poseerte.
De tus incendios nacen mis mares,
cada vez que nos amamos.

*Teresa Lencina Muñoz*

# El paseo más largo

El paseo más largo de mi vida lo hice a tu lado;
no fue un paseo de esos en los que vas de la mano.
Tampoco plácido y solitario, pues era verano,
mas fue tan largo, que pasamos de ser nada a serlo todo.

No sorteamos el cálido asfalto a besos,
sí a miradas y a intenciones veladas.
¡Qué blancas y llenas estaban las calles,
y qué poco me importaba!

Porque no había más mundo que el que te contaba mi mirada,
ni existían más palabras que las que salían de tu boca.
Jugamos con los pasos y con el tiempo,
para que el camino se hiciera eterno.
Pese a que llegamos a nuestro destino.
el camino recorrido se convirtió en eterno en nuestro corazón.
Cada paso fue un abrazo y una caricia;
cada paso, un beso y una sonrisa,
cada palabra, un "te amaré toda mi vida".
Cada paso nos abrasó el alma y el corazón.
¡Qué gran temor surgió de aquel paseo tan largo,
donde se forjó nuestro corazón!

*Teresa Lencina Muñoz*

# A mil mares en calma

Miro por la ventana y observo tus pasos firmes,
tus gestos suaves, tus manos pequeñas,
tu espalda ancha que me llama a apoyar mis manos,
tus brazos fuertes y tu voz entrecortada.
Esa voz que parece que necesitara el aliento de un beso.

Te alejas y me llevas a tu lado,
en una nube, en una gota,
en una sonrisa,
en cualquier palabra escuchada al azar.

Te pienso en la suavidad de mi piel cuando me acuesto.
en el aroma de mi pelo esparcido por la almohada,
imaginando que te sumerges en él.

Te llevo en los ojos,
mi piel cobra vida propia,
el aire se me fuga,
el corazón galopa libre y alocado y mi alma…
Mi alma no la encuentro, te la he dado.
Tengo el privilegio de amarte.
Me llenas,
me invades
y me transportas a mil sitios infinitos.
A mil mares en calma.

P.D: Serenaría tu vida por toda la eternidad.

*Teresa Lencina Muñoz*

# Nunca te olvidaré

Nunca te olvidaré; no es un adiós, es el momento
de darte las gracias, corazón.
Te paseé por mis infiernos sin pedir permiso,
te quemé, te abrasé, te herí.
Te mostré el camino de la luz para alejarte de mi oscuridad.
Alcé la espada de la crueldad contra tu mano extendida.
Grité tu nombre al viento al borde del precipicio; tus brazos me
recogieron hecha pedazos de sueños rotos.

Nunca te olvidaré, has sido la raíz que ha sostenido mi tallo
y mis ramas zarandeadas todo este tiempo.
Quizás sea tarde para cambiar un penoso pasado, jamás para olvidar
que tú estuviste a mi lado.
Has llorado mis lágrimas en silencio y has ahogado mis gritos en tu pecho.

Si aquello no fue amor, nada entiendo de este mundo.
Has sido lo más extraordinario dentro de este infierno.

Ahora, debo contarte que ya no me duele el corazón
apuñalado por el dolor.
Debo decirte que, aunque resbale alguna lágrima no resuelta, respiro
el olor del mundo y contemplo la belleza en cada esquina.
No conozco a nadie que se haya entregado tanto como tu alma y la mía.
Tengo lo que más quiero conmigo, tu corazón y mi libertad.
Detén este corazón que se va de mí, buscando posarse en ti.
Guárdalo porque es tuyo lo que sale de este pequeño latido.

Nada somos, solo humanos, amor, nada más que humanos.

206

*Teresa Lencina Muñoz*

# Serás la gota

Siempre serás la gota que me recorra,
resbalando, anegando toda mi piel.

A veces, solo es el sueño por tenerte lo que me invade,
me sacude tiernamente, sin dejarme dormir sin ti.
A veces, somos lluvia de besos desatados,
a pesar de despertar con la piel bien atada.
A veces, aliento que muere en grito.
A veces, eres la pieza clave del arco,
cuando invades mis defensas con tus labios.
A veces, me rindo y te ofrezco mi espera,
sensualmente paciente y plenamente entera.
A veces, soy el recorrido de tus manos,
un suspiro detenido donde no hay tiempo.
Siempre vaivén en ti,
hasta nuestro fin.

*Teresa Lencina Muñoz*

# Será que me besaste

Será que me besaste con el alma.
Será por eso por lo que no puedo olvidarte.
Será que, por más que intente contener el aire,
te me escapas en los suspiros.
Será que en tus ojos encontré mi eterna condena,
dulce y desafiante.
Será que no tiene sentido un beso, si no es contigo.
Será que el verano se creó para amarte.
Y los eternos inviernos para intentar olvidarte.
Será que el futuro sigue, mientras nos amemos.
Será que da igual lo que pensemos
Porque el corazón siempre manda más.
Será que cuanto más luchamos por no amarnos,
acabamos queriéndonos más.

*Teresa Lencina Muñoz*

# Una historia al oído

Una historia al oído
es como escuchar
el canto de un manantial.
Es el ondular de la hoja
en la rama,
adormecida por la brisa.
Es esa sutil caricia de la boca que desea penetrar en tu mente.
Una historia al oído
es el jadeo de mi aliento susurrando un "te amo"
mientras me deshago en ti.
Es el eco de tu piel
cegando el espacio entre la mía.
Una historia al oído
es el secreto mejor guardado
del corazón.

*Teresa Lencina Muñoz*

# Almas gemelas

Cuentan que tu alma gemela es aquella que le da la vuelta a tu mundo entero en un giro inesperado del destino, cuando por azar se encuentran. No sé si tú me encontraste o yo te encontré, si el universo se plegó en una pirueta de 180 grados al norte y mis 180 grados al sur.

Si el punto donde el alma se fusiona con su gemela es esa mirada que quema la razón y deja al corazón errante, en busca de ese amor que sea capaz de dar cierre al círculo, que complete la esfera perfecta del yin-yang y se trague la llave.

Llevabas la promesa en tus ojos de todo lo que mi alma anhelaba; llevabas la inocencia dibujada en la sonrisa; tus manos portaban caricias y generosidad sin fin. Vivíamos olvidados de nosotros para darnos a otros; ni tu vida era un sueño, ni la mía un paraíso.

Almas gemelas que se encuentran a la vez, que andan perdidas en sus vidas, sin apenas saber que, aunque en su corazón ya permanecen unidas, ignoran todo de sus mundos porque no los comparten.

Silenciando al destino y a las leyes del amor.

Como si el destino abriera sus puertas una y otra vez, ofreciendo sus extensos dedos para reencontrarnos una y mil veces en los momentos más difíciles de nuestras vidas.

Tengo el alma prometida a salvar la mitad de mi perfecta esfera. Tengo el alma partida sin la mitad que ordene mi caos.
Mi alma no te pertenece; mi alma te la he entregado conscientemente, sin acuse de recibo, sin fecha de caducidad y sin temor a las veces que se ha roto en este mundo ambiguo, cruel y maravilloso.

Somos almas en pena de su gemela; somos almas alegres que saben que se aman y se esperan. Almas pacientes que se cuidan y se protegen; unas veces tocamos el fondo del mar, para luego el alma que esté más fuerte bese al otro, contagiando su vida de aire para respirar, para salir a flote, para arrastrarlo a la arena y llenarlo de las caricias, abrazos, o sonrisas interminables, hasta que pueda levantarse por sus propios pies, con tiempo y paciencia como la que se entrega a un hijo.

Tu alma penetrante cargada de luz es absorbida por mi oscuridad. Mis veranos y tus inviernos; mi cuerpo frío al calor de tu tibia piel. Mi alma que enferma cuando la tuya padece; a veces, tu alma es la mía; otras, mi alma es la tuya; girando y girando, porque unas veces soy tú, y otras tú, eres yo.

Mi alma te espera mientras la vida decide si nuestros cuerpos llegarán un día a fusionarse en un intenso y perfecto loto.

*Teresa Lencina Muñoz*

# Amantes

Los amantes anhelan el silencio del ocaso
para gemirse en la noche lo que sus pieles callan.
Su corazón es ciego, solo responde a los instintos del alma.
Los amantes tatúan en sus pieles
las sombras de la dicha contenida en una esquina.
Los amantes huyen y vuelven,
se esconden y se retuercen de dolor, no se frenan hasta que se hallan.
Escapan de sus vidas hacia la salida,
Sellan sus caricias, ajenos a las miradas de la desdicha.

*Teresa Lencina Muñoz*

# Ojalá tenerte en mis aguas

Ojalá tenerte en mis aguas,
como surcos en la tibia arena;
serán mis uñas recorriendo tu cálida piel.

Besaré lo que el tiempo me ha robado,
acariciaré todo lo que he deseado.
En ese sinsentido de quererte sin tenerte,
donde siempre acabo amando,
muriendo infinitas veces.
Bajo mis manos, tus dedos.
Ojalá que no cese el balanceo
silente de nuestros cuerpos,
donde hambrienta me guío,
Tus manos… mi ancla,
mi puerto, mi faro, mi fin;
dóblame hasta sentirte morir.

Tus labios, las olas;
un único rumbo,
siente mi palpitar,
bebe mis tormentas.
Si es tu boca la que llama,
no le negaré la palabra.

Ojalá celebremos el amor
robándole gemidos a las nubes,
viajemos al lugar donde nacen los soles,
lleguemos al corazón de la luna donde
amanecen los días bañados de perlas marinas.

*Teresa Lencina Muñoz*

# No fue error

Si son ojos prendiendo mis llamas,
si son manos desnudándome las ganas,
si son bocas sumidas en profundas aguas,
no fue error.

Si es latido desmedido,
si es aliento contenido,
si es gemido intempestivo,
si es convulsión espontánea,
no fue error.

Si es el sueño de tu boca
quebrantando mis mordazas,
si no puedo atarme las manos
sin recorrer mi tormento entre mis dedos.
Si te pienso dentro,
hiervo y muero,
no fue error.

Si es el alma la que se escapa
de la prisión del cuerpo
para unirse con su alma,
no fue error.

*Teresa Lencina Muñoz*

# Carta al anhelo del viento

Eres la brisa que besa mis hombros cuando te acercas,
y te tornas aliento, boca y lengua de viento (cálido),
estremeciendo mi piel de azúcar.
Vas llevándote mi ropa en delicados soplos de deseo,
y me dejo llevar por tu ráfaga de besos bajo
mi recién desnudez.
Argestes, sin prendas cubriendo mi espalda,
haciendo girar mi cara como una hoja,
sosteniendo mi frágil talle.
Soplas mis dunas de arena y sal,
escapa un eco confuso de mis labios.
Ruges fuerte entre mis piernas,
descienden las manos en un "te amo".
En tu aire bailo en ti,
porque te quiero en mí,
mientras muero porque seas huracán.
Mientras me vuelvo lluvia
sobre tu cuerpo,
Mientras te hago líquido
bajo mis manos.
Aniquilados en estridentes tormentas,
yacemos evaporados.

*Teresa Lencina Muñoz*

# Desgarras mis silencios

Desgarras mis silencios
cuando te oigo sin que me hables.
Llevándome en tus manos,
embebido por mi imagen.
Amante en la distancia,
mi explorador de los sentidos.
Tu voz se transforma en embriagadora droga,
que me postra ante ti,
contempladora silente de los que haces de mí.
Silencio perturbador quebrado
por la cadencia latente de tu aliento sobre mi piel.
Composiciones de tu voz en mi cuerpo,
notas graves cuando penetras
hasta el fondo de mi ser,
partiéndome en dos los agudos, corazón.
Abaten tus manos mis resistencias,
con la insistencia de palabras desordenadas.
Entre el eco de la locura de tus manos voladoras,
tallando orgías tan prohibidas,
tan confusamente consentidas.
Desmadejada sobre la cama,
mi ropa descolocada al ritmo de tus jadeos
imploradores de paz.
Mi cuerpo ya no está en mí,
partió con el tuyo no sé en qué momento.
Solo cierro mis ojos para calmarte triunfal,
aunque estoy ya sin aire,
con los labios doloridos de morderme los gemidos.
Aturdida por la fuerza de tu silencio,
aniquilada por tu grito al alcanzar el placer,
Rendida sobre tu cama, allá donde quiera que esté.

*Teresa Lencina Muñoz*

# Ven, ven conmigo

No hay ausencia, ni distancia
que resistan al mágico
roce impaciente de un "ven, ven conmigo".
Abrázame este frío,
que se me está quemando el alma sin tu compañía.
Deshazte de la piel que sobra.
Atrápame los sueños entre tus piernas,
tan dentro que muera el aire
en su dulce tormento.
Sostenme hasta que se diluya la noche
entre tus caderas.
Ven, hazme gemir los relatos
que brotan en mi interior.
Hablan de voces dulces,
saladas por dentro,
cuando las muerdes estallan como olas del mar.
Sé tú el recuerdo que invade mis noches,
la nostalgia que late entre mis dedos.
Ven,
erotízame
erízame
elévame
navégame.

*Teresa Lencina Muñoz*

# Cálido sol

Eres como un cálido sol que hace que se me caiga la piel del alma,
solo para ti.
Sacas a cada una de las mujeres que habitan en mí,
las iluminas y les haces acabar con las prendas por el suelo,
sin querer necesitar nunca más taparse ante tu mirada.
Irradias luz a mi sonrisa, desde mi corazón relleno de ti,
hasta mis ojos derretidos de amor.
Eres lo que no se decide porque no sé no quererte.
La locura que hace que salte la sangre en mis venas.
La paz y la más ciega esperanza que haya existido jamás.

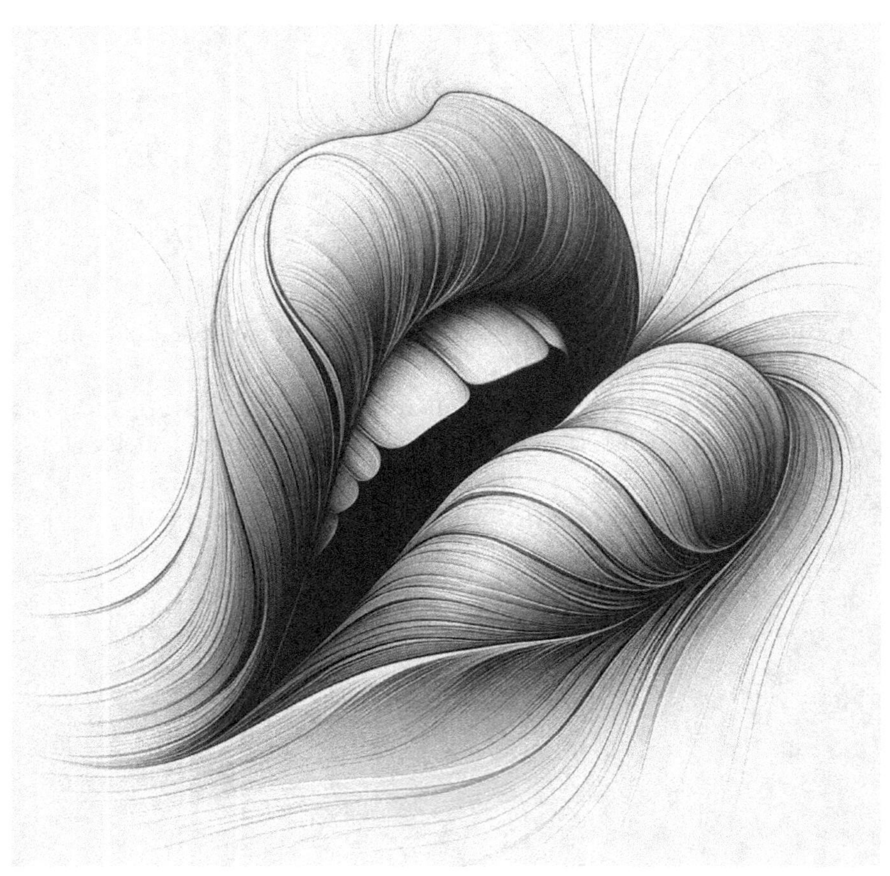

Teresa Lencina Muñoz

# Ahora

Ahora que te vuelves tiempo detenido entre mis labios,
ahora que, convertido en huracán, estremeces cada poro de mi piel,
ahora que mana lava de mis entrañas cuando te siento tan dentro,
ahora que me va faltando el aliento de caminar por tu piel,
ahora que soy solo grito estremecido sobre esta cama,
es ahora cuando muero en ti.

*Teresa Lencina Muñoz*

# Te propongo

Te propongo un abrazo del que no quieras soltarte.
Te propongo que sean mis labios los que encajen con los tuyos.
Te propongo que la magia no se acabe al despertar.
Te propongo una mirada que sea infinita cuando de sueños se trate.
Te propongo solo amor.

*Teresa Lencina Muñoz*

# Volver

Volver a las noches en las que hablábamos, piel con piel.
Al susurro de nuestras bocas en la habitación.
Volver al gemido contenido sobre el colchón.
Al palpitar estremecido donde ya no somos dos.
Al susurro de nuestros nombres, perdidos en las caricias.
Volver al roce de nuestros cuerpos, derretidos por la pasión.
Al crepitar de las lenguas, batallando sin control.

*Teresa Lencina Muñoz*

# Todo pasa, menos tú

Todo pasa, menos tú.
Las agujas inclementes del reloj.
El viento soplando indiferencia.
La lluvia golpeando el piso ausente.
Todo pasa, menos tú.
Las olas que golpean la roca cruelmente.
El río descontrolado en su ansia de besar su mar.
La voz que se desgasta de tanto llamarte,
el eco que no me responde.
Todo gira, todo cambia,
todo pasa, amor, menos tú.

*Teresa Lencina Muñoz*

# Se me fuga la calma

Se me fuga la calma, la vida y el alma.
No me tengo cuando me encuentro entre tus brazos.
Me va faltando aliento a medida que avanzas, me va sobrando la tela
que envuelve mi desnudez.
Se me abren las entrañas, todo fluye y yo flaqueo devorada por el placer.
Si me rindo, si te rindes, quién da más al deseo. Si tus labios con los
míos, o las caricias directamente prohibidas en mi centro de placer.
Si mis manos cobran vida leyendo toda tu piel.
Si mis ojos se empañan en cada gemido de tu voz.
Si mi voz se vuelve jadeo y susurro entrecortado al morderte la tibia piel.
No me encuentro, yo me pierdo entre cascadas por tu ser.

*Teresa Lencina Muñoz*

# Habito en la contradicción

Habito en la contradicción:
entre la paz que me da quererte
y la locura inconfesable de tanto desearte,
Entre el latido desacompasado del pecho y el descanso de la mente.
Siendo mi cielo e infierno al mismo tiempo,
siendo mi fuerza de vida y mi debilidad del alma,
volando en el asfalto y caminando sobre el cielo.

*Teresa Lencina Muñoz*

# Me llevas al cielo

Me llevas al cielo con sólo pensarte,
hasta la noche más oscura del alma
se llena de color.
Me nacen estrellas del pelo con un roce de tu mano,
y alcanzo el paraíso con una mirada.
Mis latidos llevan tu voz;
me han nacido galaxias en el pecho.
Eres de otro mundo, amor.

*Teresa Lencina Muñoz*

# Muere el grito

Muere el grito en un abrazo,
se quiebra el llanto, se parte en dos.
Muere la tristeza en tu dulce voz,
me eleva del suelo,
desintegra el frío gris del asfalto.

Muere la pena sólo a tu vera,
tus alas me dan luz.
Muere la lágrima al filo de tu boca,
bebes mi dolor, agoniza el lamento.

*Teresa Lencina Muñoz*

# Volemos irreverentes

Volemos irreverentes en este cielo creado por nosotros, donde nuestros cuerpos se buscan y fusionan a base de gemidos, donde la piel la enciende quien se entrega más de los dos.

Volemos irreverentes en vuelos de placer, del ser con el ser, estremecidos por el anhelo ardiente de la piel. Donde mi miel se une con la esencia de tu ser, donde el cuerpo se adora, se entrega y se ofrece como si fueras un dios al que debo venerar.

Volemos irreverentes, pequémonos la piel y ardamos devorados por nuestro propio infierno.

*Teresa Lencina Muñoz*

# Si me vas a amar

Si me vas a amar, hazlo con el alma encendida. Yo no quiero amores fríos, de esos que se vuelven extraños, de los que silencian las ganas y se cubren de tibia rutina.

Si me vas a amar, hazlo con el corazón en llamas. Que tus ojos reflejen el fuego de lo que sientes.

Si me vas a amar, hazlo con todas tus ganas, que yo estoy dispuesta a ofrecer las mías en un trueque de tu alma y la mía.

*Teresa Lencina Muñoz*

# Bebí del silencio de tu boca

Bebí del silencio de tu boca;
me fui haciendo palabra en tu cuerpo.
Exploré cada centímetro de ti, contigo dentro.
Bebí de tu aliento un beso;
estremecida en tus adentros.

Caminé por tu espalda serena;
dibujé senderos de lujuria y pasión
ayudada por mis uñas.
Fueron nuestras las ganas, deshechas en aquel colchón.

Fue nuestra la batalla de bocas que allí se desató.
El estruendo del beso en el corazón,
la fuga del alma cuando ya no somos dos.
El latido en las entrañas, la convulsión y el palpitar de nuestra pasión.

*Teresa Lencina Muñoz*

# Boca de silencio

Bebí del silencio de tu boca y habló tu lengua danzando con la mía, y
calló el mundo.
Por unos instantes, perdimos la realidad que nos apresaba, nos fuimos
liberando. Mientras nuestras manos se aferraban al otro entre caricias,
buscando la liberación de la piel y nuestros sexos, apresados en la jaula
de la ropa.
La fuimos desprendiendo, arrancando casi, entre besos, caricias y manos
confundidas en el laberinto ardiente de nuestros cuerpos.
Bocas, deseo y pasión desatada sobre una pared. Una pierna levantada y
tu fuego entrando y saliendo de mis entrañas.
El silencio se llenó del eco de nuestros gemidos, mientras manaba lava
de mi interior. Y dialogaron nuestras pieles aquello que tanto habían
silenciado.

# En un latido

A ti, te encontré en un latido,
no fue en una mirada, ni un gesto,
fue en un beso de tu alma, directo al corazón.
Una explosión en mi pecho,
un despertar de un sueño.
No llegaste a pensamiento, me arrasaste por dentro.
¿Cómo se detiene lo que nace en el pecho y habita en el corazón?

Teresa Lencina Muñoz

# Buscando el amor

Te he buscado en cada suspiro del mar,
en el brillo de la luna cuando baja a besar las olas.

Te he buscado en el aliento de la brisa,
pronunciando tu nombre al viento.
Me lo ha devuelto el eco, convertido en huracán.

Te he buscado enredado en mi cabello,
anidado en mi pecho,
en cada latido de mi alma
y en el dulce soplo de mi voz.

*Teresa Lencina Muñoz*

# Merodeas por mi mente

Merodeas por mi mente enredando mis sentires. Agoniza el silencio por dentro que sólo grita tu nombre. Tan confuso es mi latido como el pensamiento por volvernos uno. Y en esa danza de emociones cada verso se vuelve nuestro. Perdida en la esperanza de hallarte en cada esquina de mi alma.

La distancia es un abismo que acortamos con el puente de nuestros sueños. Así te tejo en mi mente, alimentando promesas de un mañana contigo.

*Teresa Lencina Muñoz*

# Sueño del alma

Llegaste como un sueño recurrente de mi corazón. Parece que alguien te inventó para mí, con la medida exacta de mis anhelos; con la ternura perfecta, la dulzura del alma y la pasión de la piel a partes iguales. Produce vértigo llamarte destino, miedo a que se escurra de las manos lo que tanto he ansiado.

Tengo un nuevo corazón desde que llegaste; el otro se destruyó. Todo es nuevo, todo brilla y todo lleva tu firma: cada trazo, cada gesto, cada voz. A mi pecho le han nacido alas; se me escapa cada vez que me hablas. De mis manos brotan flores cada vez que te acarician. Mis ojos llueven canciones que hablan de amaneceres. De mi piel no puedo hablar, porque sólo tiembla y se estremece.

# Abrázame el alma

Ven, abrázame el alma,
que en la piel ya te siento.
Abraza mis ganas de vida,
el mundo que guardo dentro.

Abraza mis temores y arrójalos muy lejos.
Abraza mis suspiros, que no se desvanezcan.
Abrázame el vacío que siento cuando no estás.
Abrázame la risa que me provocas,
los latidos del pecho,
el deseo de amarte en cada caricia.

Abrázame el insomnio que causa esta distancia.
Ven, acórtame los días entre tus brazos.

*Teresa Lencina Muñoz*

# Mujer volcán

Sólo tú me vuelves mujer de fuego y magma,
volcán de pasión desbordada,
en mi interior arde una llama
que ni el tiempo ni el viento apaga.

Montaña de fuerza viva,
en cada erupción me abrazas,
fluye mi espíritu como lava por tu ser,
indomable, fértil, creadora, insaciable.

Me vuelves mujer volcán, poderosa y grande,
y aunque a veces parezca dormida,
mi esencia nunca se desvanece ni te olvida.

No puedes apagar mi fuego porque sólo tú lo enciendes,
no se puede extinguir lo que nace del alma y se extiende en ríos por la piel.

*Teresa Lencina Muñoz*

# Salitre

Hazme un hueco entre tu piel y el salitre que la envuelve.
Hazme gemido al atardecer y susurro en los pliegues de tu ser.
Hazme baile en tu tibio cuerpo,
canción en todo tu ser.
Hazme brotar latidos en vez de palabras.
Hazme caricia a tu paso y beso ante tu mirada.

# No quiero ser viento

No quiero ser viento, efímero, confuso, lejano.
Quiero ser certeza en tu alma y en tu piel;
ser el velo que cubra tu pensamiento,
morada ardiente de tu ser.
Aliento contenido en un beso,
suspiro eterno en tu voz.

*Teresa Lencina Muñoz*

# Rozaste mi alma

Rozaste mi alma,
ya no me puedo esconder.
Traté de alejarme, de desaparecer.
Nada en mi ser me respondía.
Una palabra, "tu paz",
iluminó mis latidos.
Ahora soy yo quien te busca,
arañando palabras al viento.
Ahora soy yo quien pide: que no te vayas.

# Que corra el agua

Necesito que corra el agua,
Que apague el fuego que en mí desatas.
Porque si solo habla la piel, solo se escucharán los gemidos que tapas
con tu boca.
Serán las manos las que besen lo inexplorado,
lo que los dos anhelamos.
El tacto de derramarnos en la piel del otro.
De diluirnos entre orgasmos.
De latirnos los gemidos en el cuerpo del otro.
De vibrar estremecidos.
De temblar enfebrecidos.

De buscarnos sin sentido hasta encontrarnos partidos,
rendidos
y divididos
en torrentes de miel y pasión.

*Teresa Lencina Muñoz*

# Amor, olvida

Olvida mi piel, mis caricias, mis labios.
Olvida el latido, el estremecimiento del alma.
Olvida la sed y las ganas, la pasión desbordada.
Olvida que una vez me llamaste tuya, a mí, que no era de nadie.
Olvida las veces que fuiste incendio en mi ser.

*Teresa Lencina Muñoz*

# Me enamoré de un poeta

Me enamoré de un poeta.
Sangraba metáforas,
ardía en letras.
Su alma sonaba a melancólico atardecer.
a desgarro de la piel.
A ritmo, pasión y arte
plasmado en el blanco papel.
Me enamoré de un poeta,
me nacieron versos en el pecho
y flores en el corazón.

*Teresa Lencina Muñoz*

# El sueño de tenerte

A veces te pierdes en mis noches y el sueño
por tenerte entre mis sábanas se convierte en realidad.
Mis manos se vuelven descubridoras de la piel que guardo para ti.
Se abren camino desde mi garganta a mis pechos, erizando toda mi piel.
Me pierdo en tus palabras y se hacen hogar en mi centro,
que llora hambriento de deseo.
Rozas mi interior mientras te abre sus puertas en dulces suspiros.
Te quiere dulce y salvaje, así tal como eres.
Te anhela suplicando que te claves en mi centro, hasta romperme en mil.
Muerdes, bebes, moldeas y escalas por todo mi ser.
Siento el fuego en mis entrañas, mana lava por mis piernas.
Mis caderas bailan ahora al ritmo de tus embates.
Me vuelvo arco asida por la cintura mientras me inundas de ti.
—Llévate las partes que me sobran y hazme única entre tus labios de fuego.
Enrédate en mi lengua al compás de mis gemidos. Deshazte en mí
mientras vibra mi carne estremecida por las caricias que sueño darte.

*Teresa Lencina Muñoz*

# Habitas en mi voz

Se me amontonan los sentimientos
y ninguno puede hablar.
Vivo ahogada entre suspiros habitando mi voz.
Tengo las manos atiborradas de las caricias que te quiero dar.
Los ojos llenos de sueños
y el corazón a un latido de explorar.
Mi boca se ha vuelto beso
y sólo te quiere probar.

*Teresa Lencina Muñoz*

# Léeme el alma

Léeme el alma y la piel,
que no quede un hueco sin aprender.
Ven, deletrea mis gemidos
con tus caricias de fuego.
Incendia mis entrañas,
con la tinta de tus versos.
Acaricia mi punto final
hasta que no pueda más.

Teresa Lencina Muñoz

# A mi voz

A mi voz le gusta dormirse entre tus labios,
confundirse entre suspiros anidados en tu boca.
A mi voz le gusta pronunciarse en tu piel,
por cada uno de tus silencios,
aprender tu nombre y gritárselo al viento,
para que me lo devuelva convertido en eco.
A mi voz le gusta ser susurro,
cuando de amar se trata.

Teresa Lencina Muñoz

# Dos latidos

Sólo somos dos latidos
confundidos en un solo corazón.
A veces arde,
a veces late,
a veces parte en busca de amor.
Al encuentro de dos almas
sedientas de calor.

*Teresa Lencina Muñoz*

# Existes

Existes como un eco en mi mente y en mi cuerpo,
me envuelve, me transporta, me lleva a ti en mi día a día.
Existes como una voz en mi pecho que lleva tu nombre,
que me arde y me empapa, que me canta y me calma.
Existes como un deseo de volverte realidad,
de mirarte y encenderte.
Existes como algo que he de amar, irremediablemente.

*Teresa Lencina Muñoz*

# Todo nos arde

Todo nos arde:
el roce, el beso, la piel.
Todo nos urge:
tu cuerpo, el mío, el ser.

Damos todo por hacernos uno,
por ver quién más siente,
¿tú o yo?
Por ver quién se quema en el infierno del otro,
sin miedo a consumirnos en la otra piel.

Todo nos arde, todo nos roza,
todo gemimos, todo sentimos.

*Teresa Lencina Muñoz*

# Te di mi corazón

Te di mi corazón,
lo has encerrado en tu pecho.
Ahora sangra por tus venas,
un latido para dos
recorriendo tu interior.
si tú lates, yo lato,
si tú sientes, yo siento.
Te di mi corazón,
no permitas que se desangre.

# Tu materia

Estás hecho de sal, arena y sueños,
mecidos en la corriente.
De espuma y deseo
enterrados en la arena.
Corazón de mar,
dulce, salado, inmenso.
Corazón de paz,
refugio de mis tormentas.
Corazón amante,
confidente de mis anhelos.

*Teresa Lencina Muñoz*

# Quiero ser

Quiero ser roce en tu piel,
aliento en tu boca,
la onda que mueve tu cabello.
Quiero ser quien te estremezca el alma y la vida,
tu tormenta en el desierto,
y tu sed de mí.

Apagarme en tus entrañas,
entre un crepitar de besos,
incendiar tus mares
en una lluvia de caricias.

Teresa Lencina Muñoz

# Sin avisos

Nadie te avisa de que el amor llega y te arrasa como un huracán.
No sé si él estaba hecho de aire o tenía el corazón de mar.
Desconozco por qué mis latidos ya no son míos,
solo están bailando en mi pecho todo el día.
Apenas hago poco más que quererte.
El aliento ya no es mío, se me fuga de la boca
pronunciando tu nombre.
¿Dónde han quedado los muros que aprisionaban mi alma?
¿Dónde se ha quedado el suelo que ahora tan solo vuelo?

*Teresa Lencina Muñoz*

# En el borde de tu boca

En el borde de tu boca he colgado mis "te amo."
Como una brisa que sacude tu alma quiero que sean mis palabras.
En lo profundo de tu ser quiero dejar mi pequeña huella.
Como una estela que se dibuje en tu cielo,
como una ola que abarque el mar.
En el borde de tu boca he detenido mis manos antes de darte un beso.
Antes de eternizarme en tus labios quiero decir "te quiero".

*Teresa Lencina Muñoz*

# No me quiero daño

No me quiero daño, me quiero amor.
No me quiero grito, me quiero susurro en tu interior.
No me quiero más silencio, quiero ser el eco de tu voz.
No me quiero desierto, quiero ser lluvia en tu ser.
No me quiero destrozo, sólo quiero ser quien construya a tu lado.
No me quiero llanto, sólo quiero ser quien te inunde la piel.

*Teresa Lencina Muñoz*

# Frente a frente

Cuando estemos frente a frente, será la respiración la que nos delate, como la de quien ha corrido mucho por verse. Serán nuestros pasos los que vuelen por las calles, y nuestras palabras no dirán nada, pero hablarán de todo.

Cuando estemos frente a frente, será la mirada la que cuente lo que envuelve el alma, tanto tiempo callada. No hará falta nada más; coger tu mano y empezar a caminar.

Cuando estemos frente a frente, será el hilo del destino el que se enrede entre nuestras pieles, arderá bajo nuestros besos, frente a frente.

*Teresa Lencina Muñoz*

# Te espero

Te espero donde los árboles aún abrazan, donde las flores sonríen,
donde el camino besa mis pies.
Te espero en la profundidad del viento,
en la tibieza de la lluvia,
en la ligereza de la brisa.
Te espero en el silencio
que acompaña a cada amanecer
para hacernos uno.
Amor, te espero en el despertar de un beso.

*Teresa Lencina Muñoz*

# No te quiero fugaz

No te quiero fugaz como una estrella.
Quiero una noche que no tenga fin.
Eternizarte en mi piel,
impregnarme de tu esencia.
Dame un baño de caricias,
hazme espuma entre tus manos.
Resbálate por mi ser.
Navégame los sentidos.
Acaríciame la vida.
Hasta clavarme en el cielo.

*Teresa Lencina Muñoz*

# Ahora

Ahora que ya no sé nada y tan solo tiemblo, resonando tus palabras en mi cabeza, arañando latidos a mi desordenado corazón.

Ahora que te vuelves inevitable, como el viento que se escapa de mi boca al pronunciar tu nombre, te vas volviendo mi todo, cuando yo apenas soy nada.

*Teresa Lencina Muñoz*

# Me enamoré

Me enamoré.
Fue en un roce de tu voz al corazón,
en una caricia que no esperaba.
Nunca se está preparado para llenarse de amor, ni cuando el corazón
está listo para ser golpeado con una nueva ilusión.
Has abierto las ventanas de mi alma;
ya no las puedo cerrar.
Se han hundido las corazas en el fondo de mi mar.
Apenas escucho nada, sólo siento mis latidos.
Apenas me tengo en pie; sólo soy yo que estoy volando.
Apenas puedo pensar; te has hecho hogar en mi mente.
Apenas me tengo en mi cuerpo; sólo soy yo que estoy temblando.

*Teresa Lencina Muñoz*

# Desde que te quiero

Desde que te quiero,
el latido me delata.
Mis pasos son diferentes,
el asfalto se ha vuelto mar.

Las calles llevan tu nombre,
el viento me trae tu voz.
Desde que te quiero,
mi mirada tiene dueño.

Mi voz se ha vuelto caricia,
y mi corazón, dulce canción.

*Teresa Lencina Muñoz*

# Te reto

Te reto a que escribas en mi piel un poema que no olvidaré.
Te reto a que hagas brotar cantos de mi boca,
que me arda la mirada al contacto con tus ojos,
a estremecerme sin prisas bajo tus caricias,
a ser arco entre tus manos;
miel bajo tu cuerpo,
espasmo entre tu ser.
Ardo por morir en ti mientras me pintas la piel.

*Teresa Lencina Muñoz*

# Revivir

Quise revivir tu nombre,
partirme en dos los miedos,
sentirte mar adentro,
anhelando el desafío de tu boca.

Quise revivir tu eco,
hacer trueno de tu voz,
eternizar un "te quiero"
desde el fondo de la garganta.

Quise perderme en un suspiro de tu alma,
y no encontré una salida para mi torpe corazón.

*Teresa Lencina Muñoz*

# Caricia

Llegaste en forma de caricia,
derribando mis defensas,
desafiando a mis miedos.
Me enseñaste tu alma entre sonrisas,
y me fui enamorando.

Lo que brota de un latido no se puede detener;
lo que emana de un suspiro, hay que dejarlo ser.
Sólo quiero ser verdad confesa en tu piel,
abrirte las puertas de mi alma sin que me la destruyas,
enseñarte las caricias y el mundo que me estoy guardando.

Guiarte entre gemidos a través de mis palabras,
susurrarte amaneceres colmados de nosotros,
y en la noche, sólo amarte hasta desfallecer.

*Teresa Lencina Muñoz*

# Humo

Como el humo que sale de mi boca,
Así gimo tu nombre.
Como el latido que vibra en mis entrañas,
así te deseo.
A fuego y hielo en mi piel.
a intensidad sin prisas
recorriendo las galerías de mi cuerpo.
Estremecida por dentro,
hirviendo por ti.
Vencida entre orgasmos,
encadenada a ti.

Teresa Lencina Muñoz

# Léeme la piel

Léeme la piel,
apréndete mis gemidos de memoria.
Que no quede hueco sin aprender.
Léeme los suspiros
que en mí provocas.
Haz temblar mi piel,
que vibre con sólo mirarte.
Vuélveme papel de seda
bajo el calor de tus caricias.
Lee los latidos de mi centro
hasta que me convierta en mar.
Deshazte entre mis páginas,
mi explorador de los sentidos.
Hazme brotar palabras
hasta que alcance el final.

Teresa Lencina Muñoz

# Nace un sentimiento

Dime, ¿sientes ese latido distinto?
Es el sentimiento que nace,
dando saltitos en tu pecho.
Es un "boom" seguido de una sonrisa;
es un "boom, boom" al escuchar tu canción.
Lleva el eco de un sentimiento
que va creciendo en tu pecho,
Una ilusión que lleva tu nombre.
Tal vez quieras ponerle voz.

*Teresa Lencina Muñoz*

# Alma perdida

He perdido mi alma en algún lugar de tu cuerpo;
creo que la dejé en tu boca,
se la tragó un profundo beso.
Quizás la perdí en tu pecho,
cerca de tu latido,
o fue al cabalgar contigo,
escapando de la noche,
rendida por tus caricias,
robándole gemidos al tiempo,
volviéndonos polvo bajo las estrellas.
He perdido mi alma y ya no quiero encontrarla.

*Teresa Lencina Muñoz*

# Entre dos aguas

¿Quién no ha nadado sin rumbo entre dos aguas?
Perdido a la deriva del sentimiento,
Confuso, desorientado y hambriento.

Hay dos mares que me bañan,
hay dos mares que me encienden:
Uno cálido, antiguo y sereno,
la paz que tanto anhelo;
otro salvaje, inmenso y bravío,
emoción que hierve dentro.

Hay dos mares que me bañan,
hay dos mares que me alcanzan,
inundando toda el alma.

*Teresa Lencina Muñoz*

## Siempre

Siempre te amaré.
no es una canción,
es un acto de fe.
La vida nos separó
en un beso nos fundió.
Siempre serás mi latido,
el deseo rendido,
la perdición de mi piel.
Nunca te olvido,
te llevo en mis pasos voladores
por donde quiera que vaya.
Siempre te amaré,
allí donde quiera que estés.

*Teresa Lencina Muñoz*

# Especial

Tan especial que quitas el aire
si te encuentro en mi camino.
Tienes el alma hecha de mar
no hay ola que te vuelva olvido.
Quisiera ser tan libre como tú,
poderte rozar sin tenerte.
Me pareces irreal,
cuando te meces en mi piel.
Te confundo con un sueño,
imposible de creer.
Tan especial que vuelves música
todo lo que tocas.
Y me has hecho canción tantas veces.
No hay nada más perfecto que la magia de tus besos.
Ni nada más intenso que tu forma de amar.
Tan especial que ya me creo sirena
cuando me pierdo en tu mar.

*Teresa Lencina Muñoz*

# Beso robado

Robaste mi boca en un beso,
ya no encuentro ni mi cuerpo.
Se ha perdido en tus caricias.
Se ha detenido el tiempo.
Robaste mi alma en un "te quiero",
me has abierto a un nuevo cielo.
Ya mi mundo es de colores.
Todo brilla, todo es nuevo.
Ya no hay niebla en mi sonrisa.

*Teresa Lencina Muñoz*

# En el nombre del amor

En el nombre del amor,
rompen mis letras el silencio.
Tienen dueño mis latidos,
son del viento de tu voz.
En el nombre del amor,
yace mi cuerpo rendido
esperando tu calor.
En el nombre del amor
he creado un universo
donde sólo somos dos.
En el nombre del amor
el tiempo se ha detenido
al compás de mis suspiros.
En el nombre del amor
he bautizado al mar y a las olas,
que se quiebran con sólo verte.
En el nombre del amor
he dejado de ser yo
para ser sólo de tu piel.
Y es en nombre del amor
por lo que escribo, corazón.

*Teresa Lencina Muñoz*

# Calles sin nombre

Vamos a perdernos donde las calles no tienen nombre.
Donde podamos refugiarnos bajo nuestros besos.
Vamos a amarnos en silencio bajo el amparo de una calle sin nombre.
Allí donde el gemido agonice anónimo en tu boca.
Donde la lluvia empape nuestra piel.
Vamos a encontrarnos entre caricias porque andábamos perdidos.
Allí donde tu calle se funde con la mía.
Vamos a fugarnos lejos, en un cruce de miradas,
Allí donde tus ojos se reconocen en los míos.
Vamos a acoplarnos al unísono,
Allí donde una calle vive sin nombre.

*Teresa Lencina Muñoz*

# Te pienso

Te pienso más de lo que me llega a alcanzar la voz,
que escapa torpe del corazón.
Te pienso en la música y en el mar;
en cualquier melodía que venga a hacerme compañía.
Te pienso en el viento,
que siempre lleva el eco de nuestros encuentros.
Te pienso en la lluvia,
fiel antesala de nuestros besos.
Te pienso en la caída de las hojas,
como una promesa de tus caricias.
Te pienso en la tormenta,
reflejo de la pasión que en mí desatas.

*Teresa Lencina Muñoz*

# Te busco

Te busco
en el anhelo de una caricia prohibida,
en el sueño más efímero,
desbordado por esta febril pasión,
en este vibrar que estremece mi cuerpo.

Te encuentro
en el palpitar de un beso,
en el murmullo del viento,
dando paso a la tibia lluvia.

*Teresa Lencina Muñoz*

# Anido en tu paz

Anido en tu profunda paz.
Como el que habita en un beso,
que vive encarcelado entre los labios,
hasta hacerse eterno.
Me escondo entre tus brazos,
donde no existen los miedos;
y me voy volviendo fuerte,
a base de quererte.
Y dejo de ser sueño,
a fuerza de tenerte.

*Teresa Lencina Muñoz*

# El viento te ama

Hasta el viento ama tu nombre,
por eso lo silba.
Hasta la lluvia te quiere,
por eso te abraza.
Hasta la Luna te añora,
por eso viene a verte cada noche.
Hasta el mar se revuelve inquieto,
cuando no vienes.
Hasta el sol arde de pasión,
cuando me tienes.

*Teresa Lencina Muñoz*

# No quiero

No quiero fluir en otro mar
que no sea el tuyo.
No quiero perderme
en el vértigo de unas manos
que no sean las tuyas.
No quiero otras olas
invadiendo mis defensas.
No quiero despertares luego
en otras camas,
ni más amaneceres sin ti.
Sólo me quiero beso en ti.

Teresa Lencina Muñoz

# Las olas

Cuando vengan las olas
a escribir tu nombre en mi piel.
Cuando no sea más que agua,
arena y sal entre tus manos.
Cuando la marea bese las rocas,
romperé con fuerza estremecida
por tus caricias.

354

*Teresa Lencina Muñoz*

# Besa

Besa mis palabras,
y encontrarás mi boca.
Besa mi boca,
y hallarás mi esencia.
Besa mi alma,
y jamás te faltará el amor.

# Volver a escribir

Si me pongo a escribir todo me habla de ti.
El mar, la luna, las olas no son más que el eco de nuestras bocas.
De tus besos aprendí a ser gemido libre entre tus labios.
De tus caricias a sentirme infinita al borde del colapso.
De tu mirada que no puede el cielo dar más.
De tus manos… Solo tus manos conocen mi compás.
Si me pongo a escribir todo me habla de ti.
Que puede un beso estremecer mil vidas.

*Teresa Lencina Muñoz*

# Te quiero

Te quiero, desde la sonrisa hasta tu abrazo.
Te quiero, porque me sabes a mar y a libertad. A refugio, paz y hogar.
Te quiero, porque tus caricias me hacen volar lejos de mí.
Porque tu palpitar es el mío y me haces querer vivir.
Porque ya mi vida tiene un rumbo desde que nos encontramos.

# Índice

 *Teresa Lencina Muñoz*

     *Teresa Lencina Muñoz*